PETIT THÉATRE
DE FAMILLE.

IMPRIMERIE DE LOTTIN,
rue de Nazareth, 1.

FRONTISPICE.

Mon Dieu! maman, Zoé se meurt, et
Euphrasie se désespère. LA CALOMNIE, Scène VII.

Petit THÉÂTRE DE FAMILLE,

ou Scènes

propres à être jouées par des Enfans en différentes circonstances.

A PARIS,
A LA LIBRAIRIE DE LA JEUNESSE
de P. C. LEHUBY,
Rue de Seine, N.º 48.

PETIT THÉÂTRE
DE FAMILLE,

OU

SCÈNES PROPRES A ÊTRE JOUÉES PAR DES ENFANS,

EN DIFFÉRENTES CIRCONSTANCES;

PAR

Mme DE FLESSELLES.

—

Seconde Édition.

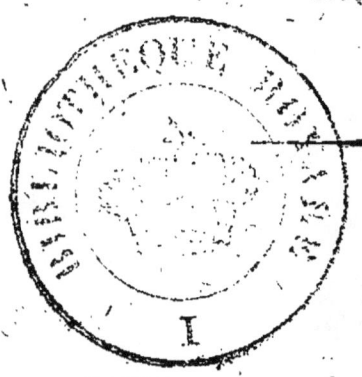

PARIS.
LIBRAIRIE DE L'ENFANCE ET DE LA JEUNESSE.
P. C. LEHUBY,
SUCCESSEUR DE M. PIERRE BLANCHARD,
Rue de Seine, 48.

—

1835.

AVANT-PROPOS.

Souvent, dans les Familles, on désire exercer la mémoire des Enfans; les leçons qu'on leur donne à apprendre, ou sont sérieuses, et ne les amusent pas, ou, portant le titre de devoirs, imposent toujours une contrainte qui nuit au plaisir. On a cru plaire aux Pères et Mères, en réunissant quelques scènes qui, en amusant les Enfans auxquels on les fera répéter, non-seulement favoriseront le développement de leur mémoire, mais les pénétreront des principes d'une saine morale.

Ces petites pièces, sans prétention, sans intrigue, n'auront que le mérite de pouvoir facilement se jouer en famille; heureuses si elles contribuent à inspirer aux Enfans plus de respect pour leurs Parens, plus de bonté pour leurs inférieurs, et plus de justice entre eux!

PETIT
THÉATRE DE FAMILLE.

LE BOUQUET.

CHARLES, fils de Mme Selvin.
HENRIETTE, sœur de Charles.
ÉDOUARD, cousin de Charles et Henriette.
MARGUERITE, jeune fille élevée chez Mme Selvin.
Mme SELVIN.

La scène se passe dans le cabinet d'étude de Charles.

SCÈNE I.

CHARLES ET ÉDOUARD.

CHARLES.

Eh bien, cousin, as-tu cherché dans ta tête quelque chose de bien joli pour surprendre maman?

ÉDOUARD.

Quand il s'agit d'une fête, il n'y a que les surprises qui font de l'effet ; ma tante nous croit bien appliqués à nos études, paf! au moment où elle s'y attendra le moins, nous défilerons majestueusement devant elle ; et toi avec un bouquet surmonté de la couronne que tu as obtenue à ton collége (ce qu'elle ignore), moi avec des couplets écrits sur du beau papier à vignettes, Henriette avec sa jolie pelote brodée, nous aurons l'air d'une ambassade.

CHARLES.

Oh! comme maman sera contente! Mais où est le bouquet?

ÉDOUARD.

Je l'ai donné à Marguerite pour qu'elle le tienne à la cave, afin qu'il soit plus frais.

CHARLES.

Et tes couplets?

ÉDOUARD.

Ils sont dans ma poche.

CHARLES.

Oh! montre-les-moi, je t'en prie!

ÉDOUARD.

Me donneras-tu quelque chose?

CHARLES.

Ce ne sera pas mon droit d'aînesse, toujours. Mais j'ai encore un beau volant....

SCÈNE II.

CHARLES, ÉDOUARD, HENRIETTE.

HENRIETTE.

Vite, vite, à l'ouvrage; maman vient de ce côté.

SCÈNE III.

ÉDOUARD.

Tu faisais donc le guet?

HENRIETTE.

Sans doute.

(Les enfans se placent promptement à la table d'étude; l'un a son dessin, l'autre a son cahier d'écriture, l'autre a une carte de géographie.)

SCÈNE III.

MARGUERITE, LES PRÉCÉDENS.

MARGUERITE, *riant*.

Je parie que je vous ai fait une belle peur? car j'ai toussé et me suis mouchée précisément comme Madame.

HENRIETTE.

C'est donc toi que j'ai entendue?

MARGUERITE.

Oui, mais malgré cela tenez-vous sur vos gardes, car Madame m'a déjà demandé deux fois: Marguerite, les enfans travaillent-ils?

ÉDOUARD.

Bonne tante, comme nous allons t'attraper!

CHARLES.

Bonne maman, comme tu seras contente de ton fils!

HENRIETTE.

Et moi donc, que j'aurai de plaisir à lui offrir ma pelote !

MARGUERITE.

Puisque vous parlez tous de vos présens, il faut bien que je vous dise le mien.

CHARLES.

Toi aussi, Marguerite ! et quoi donc ?

MARGUERITE.

Une belle paire de jarretières rose et blanche, que j'ai tricotée en cachette.

ÉDOUARD.

Tu nous la montreras ; mais, en attendant, retourne en sentinelle ; j'ai si peur que ma tante ne nous surprenne ; et ne nous attrape plus, au moins!

MARGUERITE.

Non, je vous promets d'être bien exacte ; mais vous me laisserez offrir mon bouquet en même temps que vous ?

CHARLES.

Oui.   (*Marguerite sort.*)

SCÈNE IV.

CHARLES, ÉDOUARD, HENRIETTE.

ÉDOUARD.

Tu n'as guère de fierté, Charles, d'avoir promis à Marguerite qu'elle souhaiterait la fête à ma tante en même temps que nous.

SCÈNE IV.

CHARLES.

Et pourquoi donc ne le voudrais-tu pas?

ÉDOUARD.

Parce que Marguerite ne peut guère être regardée que comme une domestique par nous qui sommes des messieurs.

HENRIETTE.

Voilà comme tu es, Édouard, tu trouves toujours quelque anicroche pour nous contrarier.

CHARLES.

Marguerite est une si bonne petite fille!

ÉDOUARD.

Bonne tant que tu voudras, elle n'est chez ta maman que par charité.

HENRIETTE.

Fi! mon cousin, c'est parce qu'elle est malheureuse que tu voudrais l'humilier?

ÉDOUARD.

Je ne dis pas, mais enfin....

CHARLES.

Et tu joues bien avec elle quand il y a besoin d'un quatrième pour faire nos jeux.

ÉDOUARD.

C'est différent, elle est faite pour obéir à nos volontés.

HENRIETTE.

Ah! elle est *faite*...; eh bien, moi, monsieur Édouard, qui ne suis pas faite pour faire les vôtres, je souhaiterai la fête à maman avec mon frère et Marguerite : nous nous passerons très-bien de vous.

ÉDOUARD.

Oui, cela serait beau ; vous n'avez pas de couplets comme moi !

HENRIETTE.

Nous en ferons.

CHARLES.

Allons, allons, point de brouilleries le jour de la fête de maman ; je suis sûr qu'Édouard sent déjà qu'il a tort ; montre-nous-les donc tes couplets.

ÉDOUARD.

Ma cousine le veut-elle ?

HENRIETTE.

Oh, mon Dieu, ce n'est pas que je m'en soucie ; montrez-les si vous voulez.

SCÈNE V.

MARGUERITE, LES PRÉCÉDENS.

MARGUERITE.

Aux armes ! enfans, Madame vient d'avoir une visite ; on l'a fort pressée pour sortir, et je l'ai entendue qui répondait : J'ai promis à mes enfans de passer la soirée avec eux ; ils travaillent avec beaucoup d'ardeur, je dois les en récompenser en partageant leurs jeux.

CHARLES.

Excellente mère !

ÉDOUARD.

Marguerite, va vite chercher le bouquet, avant que ma tante ne vienne. (*Marguerite sort.*)

SCÈNE VI.

ÉDOUARD, CHARLES, HENRIETTE.

HENRIETTE.

Il me semble que nous devrions arranger un trône pour placer maman lorsqu'elle viendra.

ÉDOUARD, *tirant un papier de sa poche.*

Voici les couplets.

HENRIETTE.

Il faut d'abord tout préparer.

CHARLES.

Prenons le fauteuil de notre maître.

HENRIETTE.

Un coussin de la bergère dessus, un autre aux pieds.

ÉDOUARD, *avec humeur*.

Vous ne voulez donc pas les entendre ?

CHARLES.

Si fait, si fait ; mais l'idée de ma sœur est bonne, et il faut vite la mettre à exécution.

SCÈNE VII.

MARGUERITE, LES PRÉCÉDENS.

MARGUERITE.

Voici le bouquet.

HENRIETTE.

Oh qu'il est beau !

ÉDOUARD.

C'est bien heureux que mademoiselle le trouve à son goût.

CHARLES.

Mon Dieu, Édouard, que tu es donc querelleur !

ÉDOUARD.

C'est qu'il y a des choses qu'on ne peut pas digérer.

MARGUERITE.

Quoi donc, vous vous disputez au moment où vous devriez être si bien d'accord !

HENRIETTE.

Tiens, Édouard, je veux bien faire la paix, mais qu'il n'y ait plus un mot de dit sur la cause de

SCÈNE VII.

notre querelle. Tu meurs d'envie de nous lire tes couplets, et nous désirons beaucoup aussi les entendre; mais, dans la crainte d'être surpris par maman, achevons nos préparatifs, tu nous les diras après.

MARGUERITE.

Il me semble qu'avec les rideaux de la fenêtre on pourrait faire comme une espèce de reposoir, en poussant le fauteuil dessous.

CHARLES.

Tu as raison.

(Les enfans s'agitent pour donner une apparence de trône à leur fauteuil.)

HENRIETTE.

Cela sera joli; mais qui est-ce qui présentera le bouquet?

ÉDOUARD.

C'est moi, j'espère.

HENRIETTE.

Pourquoi toi?

ÉDOUARD.

Parce que je suis le plus grand.

CHARLES.

Puisque c'est moi qui ai la couronne, il me semble que je devrais l'offrir.

LE BOUQUET.

MARGUERITE.

Eh bien, tirez à la belle lettre.

HENRIETTE.

Tu es toujours de bon conseil, ma petite Marguerite.

(Les enfans prennent un livre.)

ÉDOUARD.

Je tirerai le premier, au moins!

HENRIETTE.

Nous le voulons bien.

ÉDOUARD *plante l'épingle et dit avec joie :*

Bon! j'ai une F.

CHARLES.

Veux-tu tirer, ma sœur?

HENRIETTE.

Non, tire.

CHARLES, *après avoir planté l'épingle.*

Oh! moi, j'ai un *B*.

HENRIETTE.

A toi, Marguerite.

MARGUERITE.

Vous n'y pensez pas; tirez.

SCÈNE VIII.

HENRIETTE.

Non, je t'en prie, je me garde pour la bonne bouche.

MARGUERITE *tire.*

Mais, voyez donc, j'ai un *A*.

ÉDOUARD, *avec impatience.*

Je suis sûre qu'il y a de la fraude.

HENRIETTE.

Oui, dans ta tête. A moi. (*Elle tire.*) C'est moi qui serai la plus belle. (*Elle tire l'épingle avec lenteur, et rit.*) Voyez, voyez, j'ai un *R*. Allons, Marguerite, c'est toi qui offriras le bouquet.

MARGUERITE, *confuse.*

Non, cela ferait de la peine à M. Édouard; mais puisque je suis la maîtresse, je le prie de le présenter pour moi; aussi bien, il n'aura qu'un morceau de papier, et ce serait bien peu. Mademoiselle Henriette présentera sa pelote dans une jolie corbeille de paille que je lui ai faite; monsieur Charles aura sa couronne à la main, et moi ma paire de jarretières; allons, c'est dit comme cela; je cours chercher la corbeille. (*Elle sort.*)

SCÈNE VIII.

CHARLES, ÉDOUARD, HENRIETTE.

HENRIETTE, *à Édouard.*

Tu vois, cousin, comment agit cette pauvre enfant que tu voulais humilier.

ÉDOUARD, *honteux.*

J'avoue qu'elle est meilleure que moi, et je profiterai de la leçon qu'elle m'a donnée.

CHARLES.

A présent, lis-nous tes couplets.

ÉDOUARD.

Non, il faut attendre que Marguerite soit revenue.

HENRIETTE.

Bien, cousin, te voilà plus qu'à moitié corrigé.

SCÈNE IX.

MARGUERITE, *tenant une jolie corbeille.*
LES PRÉCÉDENS.

MARGUERITE.

Tenez, mademoiselle Henriette, votre pelote ira à merveille là-dedans.

HENRIETTE.

Oh, comme elle est jolie !

(Les enfans apprêtent leurs cadeaux.)

ÉDOUARD.

A présent je m'en vais vous dire mes couplets.

(Il tire son papier et se dispose à lire, lorsque Mme Selvin ouvre la porte; tous les enfans se remettent à leur table, et ont l'air très-occupés.)

SCÈNE X.

MADAME SELVIN, LES PRÉCÉDENS.

Mme SELVIN.

Eh bien, mes bons amis, chacun a-t-il appris sa leçon? Mais qu'est-ce donc que ce beau fauteuil?

ÉDOUARD.

Ma tante, c'est le trône d'une reine que nous voulons fêter.

(Il se lève et présente la main à sa tante, qu'il conduit au fauteuil préparé. Pendant qu'il se prépare à chanter ses couplets, les autres enfans se rangent autour de lui avec leurs présens à la main.)

Mme SELVIN, *émue.*

Vous m'avez préparé une bien aimable surprise, mes enfans, car j'avais totalement oublié que c'était demain ma fête; mais voyons, Édouard, il me semble que c'est toi qui es l'orateur.

ÉDOUARD.

Ma tante, c'est une muse bien novice qui a voulu vous chanter, mais l'auteur réclame d'avance votre indulgence, dont il sent tout le besoin.

Mme SELVIN.

Comment donc! un académicien ne dirait pas mieux! Allons, mon ami, chante ce que ton cœur t'a inspiré.

ÉDOUARD.

Air: Quand l'Amour naquit à Cythère.

Du sentiment qui nous anime
Je viens t'offrir le doux élan;
Faiblement ma bouche l'exprime,
Mais c'est le cœur qui le ressent.
C'est lui qui dicte mon hommage,
C'est lui qui t'offre ce présent;
Notre bonheur est ton ouvrage,
Nous l'éprouvons à chaque instant.

Si te prouver notre tendresse
Pouvait augmenter ton bonheur,
Ma tante! quelle douce ivresse
Viendrait satisfaire mon cœur!
Pour ton existence chérie
Nous donnerions nos plus beaux jours;
Par toi la nôtre est embellie,
Ah! puisses-tu vivre toujours!

Mme SELVIN.

Je te remercie, mon cher Édouard, et suis touchée des efforts de ta jeune muse. Mais que vois-je, mon Charles? une couronne! tu l'as donc méritée, obtenue?

CHARLES.

Oui, maman: vous étiez absente lorsque le dernier exercice du collége a eu lieu; j'ai gagné cette couronne pour le prix de géographie, et j'ai mieux aimé me priver du plaisir de vous le dire plus tôt, afin de vous l'offrir pour le jour de votre fête.

SCÈNE X.

Mme SELVIN, *en l'embrassant.*

Tu ne pouvais me faire un présent qui me fût plus agréable.

HENRIETTE.

Ma chère maman, je ne sais pas gagner des prix comme Charles, ni faire des couplets comme Édouard; mais mon aiguille a voulu rivaliser avec leurs plumes pour t'offrir quelque chose, car mon cœur est bien aussi savant pour t'aimer que ceux de mon frère et de mon cousin. Vois, chère maman, le fruit de mon ouvrage, et donne à ta fille un baiser.

Mme SELVIN.

Cette pelote est très-bien faite, et me sera d'autant plus chère qu'elle me prouve ton attention.

(*Elle l'embrasse.*)

MARGUERITE, *avec timidité.*

Voulez-vous permettre à votre pauvre orpheline de vous offrir aussi quelque chose?

(Elle dépose les jarretières sur les genoux de Mme Selvin, et se met à genoux devant elle.)

Air de la Leçon de Botanique.

Lorsque je cherche à vos genoux
Un soutien contre ma faiblesse,
Je trouve toujours près de vous
Les lumières de la sagesse.
Pour reconnaître un tel bienfait,
Hélas! j'ai bien peu de science!
Mais mon cœur parle, et ses souhaits } *Bis.*
Sont ceux de la reconnaissance.

Mme SELVIN *la prend dans ses bras et l'embrasse.*

Bonne petite Marguerite, c'est toujours là, sur mon cœur, que tu es sûre de trouver un asile. Mes enfans, vous me faites passer une délicieuse soirée ; je veux vous en récompenser demain, en vous faisant faire une longue promenade en char-à-banc dans tous les bois d'alentour.

LA CALOMNIE.

EUPHRASIE, petite fille de sept ans.
ZOÉ, sa sœur, âgée de onze ans.
ALFRED, leur frère, âgé de dix ans.
GOTHON, fille de confiance et bonne des enfans.
Mme de CRÉMIEU, mère des enfans.

La scène se passe dans la chambre à coucher des enfans.

SCÈNE I.

GOTHON, EUPHRASIE.

EUPHRASIE, *pleurant.*

N'est-ce donc pas terrible, ma bonne, d'être obligée de rester dans mon lit, tandis qu'on va s'amuser si bien ?

GOTHON.

Mais aussi, Mademoiselle, pourquoi faites-vous toujours des méchancetés ? N'en est-ce pas une bien affreuse, bien épouvantable, que d'aller couper les rideaux du salon ? Quand on est si méchante, on a perdu le droit d'être plainte ?

EUPHRASIE, *redoublant ses pleurs.*

Mais, ma bonne, je vous assure que ce n'est pas moi.

GOTHON.

Ajouter le mensonge à la méchanceté, et avec une opiniâtreté! Oh! mademoiselle Euphrasie, vous me faites bien de la peine!

EUPHRASIE.

Vous savez pourtant bien, ma bonne, que je ne suis pas méchante.

GOTHON.

Je l'espérais, mais je vois bien que vous l'êtes devenue.

SCÈNE II.

GOTHON, EUPHRASIE, ALFRED.

ALFRED.

Quoi donc, ma pauvre Euphrasie, on dit que tu ne viendras pas promener avec nous?

EUPHRASIE, *sanglotant.*

Mon Dieu, mon Dieu, que je suis malheureuse! On m'accuse toujours de choses que je n'ai pas faites! Oh! je veux mourir : maman verra après si c'était moi qui coupais ses rideaux.

ALFRED.

Console-toi, pauvre petite sœur, tu sais combien maman est bonne; je vais lui demander ta grâce.

EUPHRASIE.

Elle ne voudra pas; elle est trop fâchée.

ALFRED.

Mais aussi pourquoi ne lui as-tu pas demandé pardon?

EUPHRASIE.

Mais ce n'est pas moi qui ai coupé les rideaux.

ALFRED.

Je sens que cela doit être bien pénible à avouer.

EUPHRASIE, *redoublant ses pleurs.*

Mais ce n'est pas moi qui ai coupé les rideaux.

GOTHON, *à part.*

Ou cette enfant est bien perverse, ou il y a réellement quelque malentendu dans cette accusation. (*Haut.*) Allez, monsieur Alfred, tâchez de fléchir votre maman, quoique cette petite obstinée ne le mérite guère. *(Alfred sort.)*

SCÈNE III.

GOTHON, EUPHRASIE.

GOTHON.

Vous êtes si affligée que vous m'en faites de la peine; mais je vais vous donner un conseil: vous avez lu dans l'ancien Testament que souvent le bon Dieu avait permis que des coupables accusés injustement fussent reconnus innocens; mettez-vous à genoux, priez avec ferveur, et si réellement vous n'êtes pas coupables, vous verrez que la vérité se découvrira.

EUPHRASIE, *se jetant à genoux et joignant les mains.*

Mon bon Dieu, vous savez, vous qui connaissez tout, que la petite Euphrasie n'est pas coupable : permettez, par votre toute-puissance, que la vérité se découvre ; et, si vous m'accordez cette grâce, je vous promets de donner mon déjeûner chaque jour aux pauvres, pendant un mois.

GOTHON, *à part.*

C'est bien l'accent de la vérité. (*Haut.*) Eh bien, ne vous sentez-vous pas consolée ?

EUPHRASIE.

Oui, ma bonne ; c'est donc un bien bon consolateur que le bon Dieu ?

GOTHON.

Puisqu'il sait tout, qu'il voit tout, qu'il peut tout, il pourra exaucer votre prière.

SCÈNE IV.

ZOÉ, LES PRÉCÉDENS.

ZOÉ.

Tu ne veux donc convenir de rien, Euphrasie ?

SCÈNE IV.

EUPHRASIE.

Laissez-moi, Mam'selle, c'est vous qui avez excité la colère de maman contre moi.

ZOÉ.

Oh! oh! comme tu me traites! Il ne tient qu'à toi de rentrer en grâce : tu n'as qu'à tout avouer.

EUPHRASIE.

Non, non, je n'avouerai jamais ce que je n'ai pas fait.

ZOÉ.

Eh bien! garde la chambre, couche-toi; pour moi, je vais me promener.

GOTHON.

Ce que vous dites n'est guère généreux, mademoiselle Zoé; votre sœur est déjà assez affligée, sans augmenter encore son chagrin.

ZOÉ.

Est-ce moi qui suis la cause de ce qu'elle est en pénitence? Pourquoi fait-elle des méchancetés?

EUPHRASIE, *avec colère*.

Ce n'est pas moi qui ai coupé les rideaux.

ZOÉ, *rougissant*.

Ce n'est pas moi non plus, apparemment?

GOTHON, *regardant Zoé*.

Mademoiselle Zoé, avez-vous lu l'histoire de Caïn et d'Abel?

ZOÉ.

C'était ma leçon d'avant-hier.

GOTHON.

Oh! que ce Caïn était un méchant garnement!

ZOÉ, *pleurant*.

Pourquoi me dites-vous cela? Est-ce que vous croyez que je ressemble à Caïn?

GOTHON.

Au moins je ne le souhaite pas.

EUPHRASIE.

Pour moi, j'aimerais encore mieux être celui qu'on a tué que celui qui tue.

SCÈNE V.

ALFRED, LES PRÉCÉDENS.

ALFRED.

J'ai été trouver maman, et je l'ai tant priée pour toi, ma pauvre Euphrasie, qu'elle m'a laissé quelque espérance. Je t'en prie, ma petite sœur, ne sois plus obstinée.

ZOÉ.

C'est ce que je lui disais tout à l'heure.

GOTHON, *à part*.

Je ne sais pas pourquoi je me défie de Zoé; il

faut que j'aille communiquer mes remarques à Madame. (*Haut.*) Je vais m'absenter quelques minutes ; enfans, soyez bien tranquilles.

ALFRED.

Oui, ma bonne. (*Gothon sort.*)

SCÈNE VI.

ALFRED, EUPHRASIE, ZOÉ.

ALFRED.

Si maman ne pardonne pas à Euphrasie, je saurai bien trouver quelque prétexte pour ne pas aller me promener.

ZOÉ.

On sait bien toutes les complaisances que tu as pour ta petite sœur ; tu n'en ferais pas tant pour moi.

ALFRED.

Oh ! si ; mais, vois-tu, Zoé, quand on a de la peine, on a besoin d'être consolé ; toi, tu n'as pas de chagrin.

ZOÉ.

C'est égal, j'en aurais, que tu n'en ferais point autant pour moi.

EUPHRASIE.

Oh ! la jalouse ! c'est tout comme Caïn.

SCÈNE VII.

MADAME DE CRÉMIEU, LES PRÉCÉDENS.

Mme DE CRÉMIEU.

On m'a dit, Euphrasie, que vous étiez bien fâchée de ne pas venir vous promener?

EUPHRASIE.

J'ai bien plus de chagrin de ce que vous êtes fâchée contre moi, que de ne pas aller à la promenade.

Mme DE CRÉMIEU.

Vous savez, ma fille, que je ne vous punis qu'à regret; mais convenez de vos torts, et je veux bien vous tenir quitte de la pénitence.

EUPHRASIE, *pleurant*.

Ce n'est pas moi qui ai coupé les rideaux.

Mme DE CRÉMIEU.

Toujours même obstination?

ALFRED.

Maman, faites-lui grâce, je vous en conjure.

Mme DE CRÉMIEU.

Non, elle en est indigne désormais; c'est sur vous, mes enfans, que je réunirai toutes mes affections; Zoé a ma confiance, elle la mérite. (*Zoé baisse la tête avec embarras.*) Alfred est bon, do-

SCÈNE VIII.

cile ; vous ferez ma consolation : quant à Euphrasie, je la renonce pour ma fille ; (*Euphrasie jette un cri*) je la reléguerai dans un couvent, et je tâcherai d'oublier son existence... (*Zoé tombe évanouie.*)

ALFRED.

Mon Dieu ! maman, Zoé se meurt, et Euphrasie se désespère.

Mme DE CRÉMIEU.

Allez chercher Gothon (*elle relève Zoé*) ; qu'elle apporte mon flacon de sel de vinaigre. (*Alfred sort.*)

SCÈNE VIII.

MADAME DE CRÉMIEU, ZOÉ, EUPHRASIE.

EUPHRASIE, *se jetant au cou de Zoé.*

Mon Dieu ! maman, ma pauvre sœur est morte.

Mme DE CRÉMIEU.

J'espère que non. Zoé ! Zoé !

ZOÉ, *revenant à elle.*

Cachez-moi, je ne veux plus voir le jour.

Mme DE CRÉMIEU.

Et pourquoi, mon enfant ?

ZOÉ.

Oui, j'aurai le courage de le dire, quoique je sois un monstre : ne me haïssez pas, maman, j'ai fait comme Caïn.

Mme DE CRÉMIEU.

(*A part.*) Que cet aveu me soulage! (*Haut.*) Zoé, j'entrevois la vérité; mais plus la faute est grande, plus il y a de vrai courage à l'avouer. Ah! malheureuse enfant! qu'as-tu fait?

ZOÉ, *aux genoux de sa mère.*

Hélas! maman, c'est si affreux!... Mais cette faute m'oppresse; elle m'étouffe, l'aveu m'en sera moins pénible que d'en supporter le poids. (*A voix basse.*) Maman, c'est moi qui avais coupé les rideaux.

EUPHRASIE; *levant les mains au ciel.*

Mon Dieu! tu m'as exaucée, je te remercie.

Mme DE CRÉMIEU, *à Euphrasie.*

Que dis-tu?

EUPHRASIE.

Maman, dans mon désespoir, j'avais fait un vœu pour obtenir la grâce qu'on découvrît la vérité.

Mme DE CRÉMIEU, *à Zoé.*

Ma fille, je ne vous ferai point de reproches, car je vois que vous sentez vivement votre faute, et l'on doit être si malheureux lorsqu'on est coupable!... Mais, dites-moi, quel est le motif qui a pu vous engager à commettre une action si infâme?

ZOÉ.

Il me semblait que vous m'aimeriez davantage si vous aimiez moins ma sœur.

SCÈNE IX.

Mme DE CRÉMIEU.

Ainsi donc une basse jalousie vous a inspiré un forfait, car, en me faisant commettre une injustice envers votre sœur, vous me faisiez partager vos torts.

EUPHRASIE.

Maman, ne la grondez pas, je vous en prie; elle a l'air si malheureuse! moi, je lui pardonne de bon cœur; mais vous voyez bien que ce n'était pas moi qui avais coupé les rideaux.

SCÈNE IX.

ALFRED, LES PRÉCÉDENS.

ALFRED.

Maman, j'ai eu beau courir la maison, je n'ai pu trouver Gothon; mais voici le flacon de sel de vinaigre. (*Allant vers Zoé.*) Ah! tant mieux, la voilà revenue; mais qu'as-tu donc, ma sœur, à pleurer?

ZOÉ.

C'est encore plus de chagrin que de honte, si je pleure. Oh! Alfred, tu ne sais pas combien je suis coupable!

ALFRED.

Je me doute bien de quelque chose, mais je n'ose le dire.

Mme DE CRÉMIEU, *à Zoé.*

La franchise de votre aveu peut seule me donner l'espérance que vous sentez l'énormité de votre faute ; et puisque la pauvre Euphrasie est assez généreuse pour vous pardonner, je ne veux pas que mon indignation vous accable.

ZOÉ.

J'ai trop de repentir pour jamais commettre d'aussi horribles actions. (*A Euphrasie.*) Mais est-il bien vrai que tu me pardonnes? là, de bon cœur?

EUPHRASIE.

Oui, ma pauvre Zoé ; mais n'y reviens plus, du moins, tu m'as rendue trop malheureuse.

SCÈNE X.

GOTHON, LES PRÉCÉDENS.

GOTHON, *un morceau de mousseline à la main.*

Madame, voilà un morceau de mousseline que j'ai trouvé dans le tiroir de mademoiselle Zoé, caché bien soigneusement dans une de ses robes ; je l'ai mesuré à la coupure des rideaux du salon : c'est absolument la même chose.

Mme DE CRÉMIEU, *à Zoé.*

Vous voyez, mon enfant, comme la Providence permet que la vérité se découvre ; si votre aveu n'avait précédé cette découverte, je verserais sur

SCÈNE X. 35

vous des larmes de sang, car je vous croirais tout-à-fait méchante, au lieu que j'espère voir votre caractère changer. Et toi, ma bonne Euphrasie, je regrette de t'avoir punie injustement; mais tu sais bien que mon cœur saignait de te croire coupable. Pour effacer la trace de ton chagrin, de quel plaisir veux-tu que je te fasse jouir aujourd'hui? je m'engage à te le procurer, à moins que ce ne soit une chose si déraisonnable qu'elle devienne impossible.

EUPHRASIE.

Maman, le plus grand plaisir que vous puissiez me faire, c'est d'oublier la faute de Zoé, de la caresser comme auparavant, et de nous mener tous ce soir voir les marionettes.

Mme DE CRÉMIEU.

Tes vœux seront exaucés, chère enfant; venez tous dans mes bras, et pensez que votre union me rendra toujours la plus heureuse des mères.

LA CONVALESCENCE.

M. DORIGNI.
EUGÈNE, fils aîné de M. Dorigni.
ALEXANDRE, fils cadet de M. Dorigni.
ZÉLIE, fille de M. Dorigni.
M. BONPAR, médecin.

La scène se passe dans un salon.

SCÈNE I.

EUGÈNE, ZÉLIE.

EUGÈNE.

Ma sœur, ne faisons pas de bruit, je crains que mon papa ne soit pas réveillé.

ZÉLIE.

Je l'ai entendu tousser; et lorsque je lui ai porté sa potion ce matin, il m'a dit qu'il n'avait pas dormi.

EUGÈNE.

Pauvre papa! comme il a été malade! Mon Dieu, que j'avais de craintes pour lui!

ZÉLIE.

Une fois que j'écoutais à la porte ce que le médecin disait, j'entendis M. Bonpar dire à la garde cui veillait : Il est bien mal ! peut-être ne passera-t-il pas la nuit. Mon cœur battit si fort de frayeur que je crus aussi que j'allais mourir.

EUGÈNE.

Quel malheur c'aurait été pour nous si la prédiction du médecin s'était réalisée !

ZÉLIE.

Je me rappelle avec tant de douleur la mort de notre pauvre maman !

EUGÈNE.

Depuis cet instant, la santé de papa n'a jamais été bonne.

SCÈNE II.

ALEXANDRE, LES PRÉCÉDENS.

ALEXANDRE, *tenant son chapeau noué avec un mouchoir.*

Oh ! le joli nid de chardonnerets que j'ai pris dans le jardin !

EUGÈNE.

Paix ! ne fais pas de bruit ; papa dort.

ALEXANDRE.

Moi, je vous dis que non, qu'il ne dort pas : je viens de le voir à sa fenêtre.

ZÉLIE.

Tu cries comme un sourd ; sois donc moins

bruyant, Alexandre, tu sais bien que papa a encore la tête très-faible.

ALEXANDRE.

Voilà toujours comme vous êtes tous deux! parce que vous avez trois ou quatre ans de plus que moi, il faut que je fasse toutes vos volontés; mais laissez faire, je deviendrai grand aussi.

EUGÈNE.

Pourvu que tu deviennes raisonnable!

ALEXANDRE.

Allons donc, Monsieur de la raison! ne semble-t-il pas que vous soyez toujours sage?

ZÉLIE.

Alexandre, veux-tu te taire?

ALEXANDRE.

Non, Mam'selle, je veux parler, moi; et ne croyez pas que je vous laisserai prendre comme cela des airs de maîtresse.

SCÈNE III.

M. DORIGNI, *en robe de chambre*, LES PRÉCÉDENS.

M. DORIGNI.

Mais quel tapage faites-vous donc ici? Vous

avez bien peu d'égards pour votre pauvre père qui souffre.

EUGÈNE.

C'est Alexandre, papa, qui voulait faire du bruit malgré nous, tandis que ma sœur et moi voulions l'en empêcher.

M. DORIGNI, *à Alexandre.*

Pourquoi donc, monsieur le polisson, n'écoutez-vous pas Eugène?

ALEXANDRE.

Mon petit papa, j'ai pris un si joli nid de chardonnerets! dans ma joie, j'ai fait un peu de bruit; mais c'est que je me fais une fête de les élever : je leur apprendrai toutes sortes de drôleries qui vous amuseront. Voyez, voyez! papa.

(Il approche de M. Dorigni, et entr'ouvre le mouchoir pour lui faire voir les petits oiseaux.)

M. DORIGNI, *souriant.*

Allez, petit flatteur, portez ces pauvres bêtes dans votre chambre. Je les plains beaucoup d'être tombées dans d'aussi mauvaises mains.

ALEXANDRE.

Et pourquoi, papa? je vous assure que j'en aurai bien soin, et que je leur donnerai bien à manger. (*Il sort.*)

SCÈNE IV.

M. DORIGNI, EUGÈNE, ZÉLIE.

M. DORIGNI.

Ma fille, approche-moi ce fauteuil et place mes coussins.

(Zélie obéit avec une grande sollicitude.)

EUGÈNE, *avec inquiétude*.

Vous avez l'air encore bien souffrant, mon papa?

ZÉLIE.

Et surtout bien triste?

M. DORIGNI.

Mon esprit est encore plus malade que mon corps.

ZÉLIE, *avec sensibilité*.

Et cependant, papa, vous avez des enfans qui vous aiment tant!

M. DORIGNI, *leur tendant à chacun une main*.

Ah! je le sais bien; c'est aussi pour eux que j'éprouve les plus tendres sollicitudes.

EUGÈNE.

Mais, papa, vous nous aimez sans doute; pourquoi ne nous dites-vous pas ce qui cause vos chagrins? peut-être nous pourrions vous consoler.

M. DORIGNI.

Pauvres enfans, pourquoi vous affligerais-je?

ZÉLIE.

Nous aurions moins de peine, si nous savions ce qui vous attriste.

M. DORIGNI.

Eh bien, mes bons amis, je crains que la longue maladie dont je sors à peine ne m'ait fait perdre ma place; et cette place nous faisait vivre!

EUGÈNE.

Serait-il bien possible qu'on vous fît cette injustice!

M. DORIGNI.

Ce serait un malheur, mon ami, et non pas une injustice; car, enfin, dans les administrations, il faut que le travail marche : c'est l'intérêt général, il doit l'emporter sur l'intérêt particulier.

ZÉLIE.

Et de qui cela dépend-il, mon papa?

M. DORIGNI.

Du ministre de l'intérieur.

EUGÈNE.

Je vous ai souvent entendu parler de sa bonté.

M. DORIGNI.

Oui; mais comme je vous le disais, il faut que

SCÈNE IV.

le travail se fasse. J'ai voulu essayer mes forces ce matin, en écrivant quelque chose; mais j'ai failli m'évanouir : je suis encore trop faible pour risquer de me livrer à la moindre application.

ZÉLIE.

Non, non, mon papa! M. Bonpar l'a bien défendu.

M. DORIGNI.

Autre sujet d'inquiétude. M. Bonpar m'a traité avec la plus touchante sollicitude : j'ai récapitulé dans ma tête à combien pouvaient monter ses honoraires, ils vont à plus de quatre cents francs; et je ne sais comment je pourrai le payer.

EUGÈNE.

Est-ce qu'il ne pourrait pas attendre un peu?

M. DORIGNI.

Il est trop honnête pour me presser; mais plus il est délicat, plus je dois l'être moi-même. Et si ma place est perdue?

ZÉLIE.

C'est vraiment bien embarrassant.

M. DORIGNI.

Vous voyez, mes amis, que j'ai bien des motifs de tristesse. Mais je me sens fatigué : Eugène, donne-moi le bras; j'irai me jeter sur mon lit, et je tâcherai de prendre un peu de repos.

(Eugène le reconduit dans sa chambre.)

SCÈNE V.

ZÉLIE, seule.

Combien ce pauvre papa est tourmenté ! si je pouvais l'aider à sortir d'embarras ! Il me vient une idée ; mais je veux la communiquer à Eugène.

SCÈNE VI.

ZÉLIE, ALEXANDRE.

ALEXANDRE.

Ah ! j'en sais autant que vous, à présent.

ZÉLIE.

Vous voilà encore, étourdi ! Ne faites pas de bruit, papa veut reposer ; eh bien, qu'est-ce que vous savez ?

ALEXANDRE.

Tout ce que vous n'auriez pas voulu me dire, ma grande sœur : aussi j'ai écouté à la porte, et je sais tout.

ZÉLIE.

Fi ! que c'est vilain d'écouter aux portes ; mais voyons donc, Monsieur, ce que vous savez.

ALEXANDRE.

Eh bien ! que papa craint de perdre sa place, et puis qu'il n'a pas d'argent pour payer M. Bonpar, et

SCÈNE VII.

c'est ce qui lui fait du chagrin. Eh bien, est-ce cela, mademoiselle ?

ZÉLIE.

Voyez le petit espion.

ALEXANDRE.

Oh! dites-moi des injures tant que vous voudrez, je sais bien ce que je ferai !

ZÉLIE.

Qu'est-ce que vous ferez, monsieur ?

ALEXANDRE.

Ce qu'il me plaira ; mais vous ne le saurez pas, puisque vous ne voulez jamais rien me dire.

SCÈNE VII.

EUGÈNE, LES PRÉCÉDENS.

EUGÈNE.

Papa demande qu'on ne fasse pas de bruit ; (*à Alexandre*) ainsi, monsieur le tapageur, tenez-vous tranquille.

ALEXANDRE.

J'aime mieux m'en aller.

ZÉLIE.

Et tu feras bien. Croirais-tu, Eugène, que M. Alexandre se donne les airs d'écouter aux portes, et qu'il a entendu tout ce que papa nous confiait ?

EUGÈNE, *menaçant Alexandre.*

Si j'en étais sûr, tu verrais.

ALEXANDRE, *lui faisant la grimace en se sauvant.*

Je me moque de toi.

SCÈNE VIII.

ZÉLIE, EUGÈNE.

ZÉLIE.

Quel enfant !

EUGÈNE.

Il est bien espiègle, mais il a un bon cœur.

ZÉLIE.

Je ne saurais te dire, mon frère, combien je suis affligée de tout ce que papa nous a dit, et surtout de la peine qu'il éprouve de ces inquiétudes.

EUGÈNE.

Et moi aussi, j'ai bien du chagrin.

ZÉLIE.

N'y vois-tu donc aucun remède ?

EUGÈNE.

Il m'est venu une idée, par rapport à M. Bonpar. J'ai deux louis dans ma bourse, tant de ce que

SCÈNE VIII.   47

papa m'a donné, que des étrennes de mon oncle;
ma montre vaut bien cinq louis; mes boucles d'argent ont coûté trente francs, j'en retirerai bien
vingt; mon étui de mathématiques vaut bien trois
louis : voilà à peu près onze louis que je pourrais
réaliser et donner au digne médecin. Nous le prierions tant, qu'il attendrait sans doute le reste.

ZÉLIE.

C'est bien pensé; mais j'ai peur que papa soit
mécontent si tu vends tout cela sans sa permission.

EUGÈNE.

Comment veux-tu que je la lui demande? c'est
impossible; quand on rend service à quelqu'un on
ne va pas lui dire : *Monsieur, voulez-vous me permettre de vous obliger?*

ZÉLIE.

C'est vrai; eh bien, moi aussi j'ai une idée : j'ai
envie d'écrire au ministre.

EUGÈNE.

Et que lui diras-tu?

ZÉLIE.

Mais je le supplierai de ne pas ôter la place à
papa, parce que c'est sa seule ressource pour nous
faire vivre et nous donner de l'éducation.

EUGÈNE.

C'est bien; mais c'est que c'est une grande

affaire que d'écrire à un ministre! Je crois qu'il faut dire Monseigneur, votre Excellence.

ZÉLIE.

Eh bien! je le dirai. Il me semble que c'est le bon Dieu qui m'a inspiré cette bonne idée! Taille-moi vite une plume, cherche-moi une feuille de beau papier; je ferai ma plus belle écriture.

EUGÈNE.

Mais comment faire parvenir cette lettre?

ZÉLIE.

Si nous priions M. Bonpar de s'en charger?

EUGÈNE.

Bien dit; pendant que tu feras cette besogne, j'irai vendre mes affaires.

(Il lui apprête son papier et ses plumes, et sort.)

SCÈNE IX.

ZÉLIE, *seule*.

Mon Dieu! pourvu que je trouve quelque chose de bien touchant pour persuader le ministre. (*Elle rêve.*) C'est bien difficile, quand on n'a pas l'habitude d'écrire. (*Elle écrit.*) Il me semble que si j'étais ministre cela me toucherait; mais c'est qu'il n'est pas moi, et je ne suis pas lui. Voyons, relisons.

Monseigneur,

Mon papa, qui travaille dans vos bureaux, vient d'être malade, bien malade; il est si triste de n'avoir pu remplir ses devoirs pendant cette longue maladie, que je crains qu'il n'en fasse une rechute, et cependant, Monseigneur, il a trois enfans qu'il chérit, et dont il est tendrement aimé. C'est avec sa place qu'il nous élève et nous nourrit; si Votre Excellence la lui ôtait, parce qu'il n'a pas travaillé depuis long-temps, il en mourrait de chagrin, et vous seriez la cause que nous serions trois malheureux orphelins sans soutien et sans ressources : c'est pourquoi, Monseigneur, j'ai pris la liberté de vous écrire toutes ces choses, afin que vous ayez la bonté de conserver à papa sa place. J'ai si souvent entendu dire que vous étiez bien bon, que je ne doute pas que vous ne vous rendiez aux vœux de celle qui est avec tout le respect possible, Monseigneur,

Votre très-humble servante,
Zélie Dorigni.

SCÈNE X.

ZÉLIE, M. PONPAR.

M. BONPAR.

Eh bien, ma chère amie, comment va le papa ce matin?

ZÉLIE.

Monsieur, il repose dans ce moment, mais il est toujours bien faible.

M. BONPAR.

Du repos, de la distraction, voilà ce qu'il lui faut ; mais ce cher malade a tant de sensibilité ! On peut dire de lui que la lame use le fourreau.

ZÉLIE.

C'est bien vrai. Oh ! Monsieur, j'aurais une prière à vous faire, mais je ne sais comment m'y prendre.

M. BONPAR.

A moi ? chère enfant ! Parlez avec confiance ; vous êtes une excellente fille, et les soins touchans que je vous ai vue donner au papa vous assurent mon estime, mon amitié et mon dévouement.

ZÉLIE.

Je n'ai fait que mon devoir, Monsieur. Voici de quoi il s'agit : papa craint de perdre sa place ; cette inquiétude le tourmente, et je suis sûre qu'elle l'empêche de guérir tout-à-fait. J'ai imaginé d'écrire au ministre ; voici une lettre, mais je ne sais comment la lui faire parvenir ; et si vous aviez la bonté...

M. BONPAR, *après avoir lu la lettre.*

De la lui remettre moi-même ? Volontiers ;

SCÈNE XI.

donnez-la-moi : c'est aujourd'hui jour d'audience.
J'y cours. (*Il sort.*)

SCÈNE XI.

ZÉLIE, EUGÈNE.

EUGÈNE.

Suis-je donc malheureux! J'ai été chez deux bijoutiers vendre ma montre, mes boucles et mon étui de mathématiques; et lorsque je croyais avoir fini avec eux, et n'avoir plus qu'à toucher de l'argent, ne voilà-t-il pas qu'ils m'ont gardé mes effets, sans vouloir me les payer ni me les rendre.

ZÉLIE.

Et qu'est-ce qu'ils t'ont dit pour leurs raisons?

EUGÈNE.

Qu'on n'achetait pas de semblables effets à des enfans de mon âge, sans l'autorisation de leurs parens.

ZÉLIE.

Quel contre-temps! J'ai été plus heureuse : M. Bonpar est venu; il s'est chargé de ma lettre, et l'a portée tout de suite au ministre.

EUGÈNE.

Vraiment?

ZÉLIE.

Oui, et avec une bonté! tu en aurais été touché.

SCÈNE XII.

M. DORIGNI, LES PRÉCÉDENS.

M. DORIGNI.

Il me semble avoir entendu la voix de M. Bonpar.

ZÉLIE.

Oui, mon papa ; mais il n'a pas voulu vous réveiller.

M. DORIGNI.

Je suis fâché de ne l'avoir pas vu.

ZÉLIE.

Il a dit qu'il vous fallait beaucoup de repos, de distraction.

M. DORIGNI.

Cela est bien aisé à dire.

SCÈNE XIII.

(Un domestique apporte une lettre qu'il remet à M. Dorigni, qui la lit.)

M. DORIGNI.

Que signifie cette lettre ? M. Brillant me mande que mon fils lui a proposé de lui vendre une montre, des boucles d'argent et un étui de mathématiques, et qu'il a refusé de les acheter avant de savoir si c'est de mon aveu qu'Eugène venait les vendre.

EUGÈNE, *avec embarras*.

J'ai peut-être eu tort, mon papa ; mais vous

SCÈNE XIV.

m'aviez paru si tourmenté de ne pouvoir payer M. Bonpar, que j'avais pris un moyen de vous tirer d'inquiétude.

M. DORIGNI, *avec attendrissement.*

Ce motif doit bien servir d'excuse à ton imprudence, bon Eugène; mais crois-tu que je veuille accepter un pareil sacrifice?

EUGÈNE, *avec feu.*

Tout ce que j'ai ne vous appartient-il pas? et pourrais-je jouir d'un objet de luxe, qui n'est qu'un superflu, lorsqu'il peut vous éviter quelques instans de peine?

M. DORIGNI.

Excellent fils!

SCÈNE XIV.

M. BONPAR, ALEXANDRE, LES PRÉCÉDENS.

M. BONPAR, *tenant Alexandre par la main.*

En voici un digne d'être de la famille.

M. DORIGNI.

Qu'a donc fait ce petit espiègle?

ALEXANDRE.

Je savais bien, moi qui suis le plus petit, que je ferais mieux que les plus grands.

M. BONPAR.

J'avais été chez le ministre remplir une commission qui m'intéressait beaucoup. Comme c'est aujourd'hui jour d'audience, je pénètre facilement dans le salon; on m'introduit dans le cabinet, où j'entends rire aux éclats, et je vois sur les genoux de Son Excellence, qui? M. Alexandre, mangeant des pralines à poignée. Le ministre reprend sa gravité ministérielle pour m'écouter; et pendant qu'il lit la lettre dont j'étais chargé, Alexandre me saute au cou, et me montre le beau nid de chardonnerets pris, et apporté à Son Excellence à condition qu'il laissera à son papa la place qu'il occupe dans ses bureaux. Le ministre, voyant que je suis en pays de connaissance, me fait quelques questions sur la famille de cet enfant, auxquelles je réponds comme je le devais. Alors il prend une plume, et signe la réponse à la lettre que je lui avais remise; la voici, Mademoiselle.

(Il remet la lettre à Zélie.)

ZÉLIE, *après avoir lu.*

O bonheur! cher papa, vous vous rétablirez, j'espère; du moins voici qui doit vous rendre la tranquillité.

(Elle remet la lettre à son père, qui la lit haut.)

M. DORIGNI, *lisant.*

MADEMOISELLE,

Un des plus grands bonheurs de ma vie est d'être à même de rendre justice, surtout quand c'est la vertu qui la sollicite. Je suis touché de votre piété filiale ; soyez sans inquiétude sur la place de M. votre père : non-seulement il la conservera (car je l'avais déjà promis à un petit solliciteur de votre famille), mais je vais donner des ordres pour lui faire payer tous les arriérés de ses appointemens.

M. DORIGNI, *prenant ses enfans dans ses bras.*

C'est donc à vous, mes bons amis, que je devrai ma tranquillité.

M. BONPAR.

Ceci vaut mieux, pour hâter la fin de votre convalescence, que tous les remèdes que j'aurais pu vous donner.

LE RETOUR.

EUGÉNIE, fille de Mme de Préval.
LISA, fille aînée de Mme de Préval, élevée chez elle.
JOSÉPHINE, fille cadette de Mme de Préval.
MAURICE, fils de Mme de Préval.
Mme de BLIGNI, amie de Mme de Préval.

La scène se passe dans un salon donnant sur une terrasse.

SCÈNE I.

EUGÉNIE, MADAME DE BLIGNI.

Mme DE BLIGNI.

Comme le jour se dispose à favoriser nos projets d'amitié ! il fait le plus beau temps du monde.

EUGÉNIE.

Le cœur m'a battu déjà bien des fois ; j'ai toujours le clic-clac du fouet du postillon dans les oreilles : dès que je crois l'entendre, je cours à la fenêtre ; je vois des tourbillons de poussière, mais point de chaise de poste, point de maman.

Mme DE BLIGNI.

C'est un bonheur qui n'est que retardé ; cette

bonne amie nous a annoncé positivement son arrivée pour aujourd'hui, et je connais toute son exactitude.

EUGÉNIE.

Pourvu qu'il ne lui soit point arrivé d'accidens!

Mme DE BLIGNI.

Il ne faut pas vous tourmenter ainsi, chère enfant! rien n'est plus ordinaire que d'être retenu aux relais faute de chevaux; d'ailleurs il n'est pas tard.

EUGÉNIE.

Mais c'est qu'on dit qu'il y a bien des voleurs sur les routes.

Mme DE BLIGNI.

Vous savez qu'on exagère toujours; d'ailleurs s'il y a quelques malfaiteurs, n'y a-t-il pas une gendarmerie active pour les réprimer?

EUGÉNIE.

Si ma pauvre maman avait été attaquée!

Mme DE BLIGNI.

Vous m'impatientez avec toutes vos conjectures sinistres; il n'y a que les esprits faibles qui vont ainsi au devant de toutes les possibilités fâcheuses: et si vous continuez, ma chère Eugénie, à craindre toujours, non-seulement vous vous tourmenterez, mais vous tourmenterez encore les autres.

SCÈNE II.

EUGÉNIE.

Allons, je ferai tout ce que je pourrai pour me rassurer.

SCÈNE II.

MADAME DE BLIGNI, EUGÉNIE, JOSÉPHINE.

JOSÉPHINE.

Je viens de bien arroser les fleurs que maman aime ; ses pervenches sont toutes en fleurs. Oh ! comme elle sera aise, cette bonne maman !

Mme DE BLIGNI.

Vos attentions la toucheront, mes bonnes amies, car le cœur d'une mère n'est jamais plus satisfait que lorsqu'il reçoit des preuves d'amour de la part de ses enfans.

JOSÉPHINE.

Oh bien ! maman peut être contente, car nous l'aimons, nous l'aimons... encore plus que le bon Dieu.

Mme DE BLIGNI.

Voilà, par exemple, une comparaison très-déplacée ; et je suis bien sûre que votre maman la désapprouverait.

JOSÉPHINE.

Madame, je sais bien mes couplets, et je les ai encore répétés tout à l'heure en m'accompagnant.

Mme DE BLIGNI.

Je suis très-contente de l'application et de la docilité que vous m'avez montrée pendant l'absence de votre maman, et je lui en rendrai un témoignage qui la comblera de joie. (*Eugénie soupire et laisse tomber son ouvrage.*) Mais, qu'avez-vous, mon Eugénie, vous paraissez agitée?

EUGÉNIE.

C'est que je crains....

Mme DE BLIGNI.

Encore des craintes?

EUGÉNIE.

Oui, je me rappelle avec chagrin qu'un jour où j'avais des distractions en vous répétant mes leçons, vous avez eu l'air mécontente, et je crains que vous ne le disiez à maman.

Mme DE BLIGNI, *riant*.

Je n'ai pas une mémoire si scrupuleuse! d'ailleurs, est-ce qu'on ne doit pas de l'indulgence aux fautes légères qui viennent de la jeunesse et non du cœur? Soyez tranquille, ma chère Eugénie, mon *memento* ne porte que des choses qui feront plaisir à votre maman; car je vous ai vue constamment bonne, douce, laborieuse, complaisante, et ces qualités vous doivent bien une absolution générale pour les distractions que j'avais bien oubliées, je vous assuré.

EUGÉNIE.

Combien vous êtes bonne !

Mme DE BLIGNI.

Mais où est donc Lisa ?

JOSÉPHINE.

Je l'ai laissée dans un cabinet de charmille où elle étudie ses couplets.

Mme DE BLIGNI.

Je vois que la réception que nous préparons à votre bonne maman ira à merveille, car chacun y apporte beaucoup de zèle.

SCÈNE III.

MAURICE, LES PRÉCÉDENS.

MAURICE, *un tambour à la main*.

Plan, plan, plan, plan, plan, plan....

Mme DE BLIGNI.

Eh bien, Maurice, à qui en as-tu pour nous fendre ainsi la tête ?

MAURICE.

C'est que je m'exerce, Madame, pour quand maman arrivera. Je me souviens que quand M. le

Préfet a passé par ici, on est allé le complimenter; il y avait des tambours, des fifres à la tête du cortège. Nous n'avons point de musique, mais je ferai bien le tambour; et pendant que vous irez dire vos complimens, moi je ferai plan, plan, plan, plan : ce sera beau !

Mme DE BLIGNI.

Finis ton charivari. Ne devrais-tu pas plutôt penser à apprendre les quatre vers que je t'avais donnés ?

MAURICE.

Je ne peux pas me les fourrer dans la tête.

Mme DE BLIGNI.

Si tu aimais bien ta maman, tu aurais fait quelques efforts afin de lui faire plaisir.

MAURICE.

Mais, puisque je n'ai point de mémoire, ce n'est pas ma faute.

Mme DE BLIGNI.

Voilà comme disent tous les paresseux.

MAURICE.

Je voudrais cependant bien faire plaisir à maman ! mais je sais bien ce que je ferai : je lui donnerai le joli petit écureuil que j'ai pris dans le bois.

Mme DE BLIGNI.

Elle aurait été bien plus sensible à un effort

SCÈNE IV. 65

de ta part, qui lui aurait prouvé ton désir de lui plaire.

EUGÉNIE.

Madame, j'entends une voiture.

JOSÉPHINE, *courant à la fenêtre.*

C'est la laitière qui revient de la ville.

MAURICE.

Madame, laissez-moi apprendre ma leçon de tambour, s'il vous plaît.

Mme DE BLIGNI.

Je le veux bien, pourvu que ce soit tout au fond du jardin, et que nous ne l'entendions pas.

MAURICE, *en s'en allant.*

Plan, plan, plan, plan, plan, plan.

SCÈNE IV.

MADAME DE BLIGNI, JOSÉPHINE, EUGÉNIE.

Mme DE BLIGNI.

Nous n'avons plus qu'un peu de patience à avoir, mes enfans; encore quelques heures, et nous embrasserons celle que nous aimons tant et qui mérite si bien toute notre tendresse.

EUGÉNIE.

Il me semble que ce moment n'arrivera jamais.

JOSÉPHINE.

Voilà comme tu es, ma sœur, tu ne vois jamais ce qui peut te faire plaisir, et toujours ce qui peut te faire de la peine.

Mme DE BLIGNI.

C'est une disposition d'esprit qui vous rendra bien malheureuse.

EUGÉNIE.

Je voudrais bien être autrement.

Mme DE BLIGNI.

Ma chère enfant, en pareil cas on *peut* tout ce qu'on veut; il suffit d'une légère étude que l'on fait avec bonne foi sur ses défauts; dès que l'ennemi est bien reconnu, on peut le vaincre. J'ai connu une jeune personne qui avait un caractère très-emporté; elle fut témoin d'un acte de violence qui lui fit horreur, de ce moment elle prit la ferme résolution de combattre le penchant qu'elle avait à la violence, et elle y a si bien réussi qu'à présent elle est un modèle de douceur.

SCÈNE V.

LISA, *accourant*, LES PRÉCÉDENS.

LISA.

Madame, je sais bien mes couplets.

Mme DE BLIGNI.

J'en suis enchantée.

SCÈNE V.

LISA.

J'étais dans le cabinet de charmille à les étudier, lorsque j'ai entendu une voiture ; j'ai cru que c'était ma tante ; j'ai couru ouvrir la porte du jardin ; pas du tout, c'était Madelon la laitière.

JOSÉPHINE.

Nous avons été attrapés tout comme toi.

LISA.

Elle a conté à ma bonne qu'elle revenait si tard du marché, parce qu'il était arrivé un accident à la ville, qui l'avait retenue.

EUGÉNIE, *avec inquiétude*.

A-t-elle dit ce que c'était ?

LISA.

Oui ; une voiture qui allait très-vite a été accrochée par un chariot chargé de pierres, et la roue s'est brisée ; la charrette de Madelon était aussi accrochée ; elle a eu bien de la peine à se débarrasser, encore a-t-il fallu pour cela qu'elle attendît que la querelle élevée entre le postillon et le charretier fût terminée.

EUGÉNIE.

Il y avait un postillon ? Mon Dieu ! c'est maman.

Mme DE BLIGNI.

Eh bien, mon enfant, ne voilà-t-il pas que vous

êtes prête à vous trouver mal! Quand ce serait votre maman! ces accidens sont fréquens sans être dangereux.

LISA.

D'ailleurs, Madelon connaît bien ma tante, peut-être elle l'aurait nommée ; elle n'en a pas parlé.

Mme DE LIGNI.

La réflexion de Lisa est très-juste ; mais, pour rassurer entièrement votre cousine, faites-moi le plaisir de dire à votre bonne d'aller demander à Madelon tous les détails de cet accident.

LISA.

Oui, Madame. Joséphine, veux-tu venir avec moi?

JOSÉPHINE.

Non, ma bonne amie, j'aime mieux rester tout près de la fenêtre ; je serai plus à portée de savoir quand maman arrivera. (*Lisa sort.*)

SCÈNE VI.

MADAME DE BLIGNI, JOSÉPHINE, EUGÉNIE.

Mme DE BLIGNI.

Il faut espérer que rien ne contrariera nos projets de réjouissance, et que, dans la réception que nous préparons à notre amie, la gaîté sera unie à la tendresse.

SCÈNE VI.

EUGÉNIE.

Si vous saviez, Madame, j'ai entendu, ce matin, un gros vilain corbeau croasser sur le toit de la maison voisine; on dit que c'est un présage malheureux.

Mme DE BLIGNI.

La superstition et la sottise ont souvent trouvé leur compte à alarmer la crédulité; mais, en raisonnant un peu, on verra combien ces craintes sont chimériques et ridicules. On a semé du grain dans les chemins voisins, et la terre fraîchement labourée a mis à découvert une infinité de vers dont les corbeaux sont très-friands, ainsi que du grain; celui que vous avez vu ce matin contemplait d'un œil vorace et satisfait le bon repas qu'il allait faire, c'était pour lui un sujet de plaisir, et le pauvre animal ne se doutait guère que sa satisfaction causerait de l'inquiétude à quelqu'un.

EUGÉNIE.

Vous ne croyez donc pas aux présages, Madame?

Mme DE BLIGNI.

Non, mon enfant.

JOSÉPHINE, *regardant la fenêtre.*

Oh! pour le coup, je vois bien loin, bien loin, une voiture de poste.

EUGÉNIE.

Je suis toute tremblante.

Mme DE BLIGNI.

Votre sensibilité, à force d'être excessive, en devient ridicule, car si dans ce moment votre maman arrivait, elle ne pourrait croire que son retour vous fasse plaisir, tant vous avez l'air effarée.

JOSÉPHINE.

Voulez-vous me permettre, Madame, d'aller appeler Lisa et Maurice, et veiller à nos préparatifs?

Mme DE BLIGNI.

J'y consens.

SCÈNE VII.

MADAME DE BLIGNI, EUGÉNIE.

Mme DE BLIGNI.

En dépit du corbeau et de la voiture accrochée, je pense que bientôt nous allons serrer votre maman dans nos bras; mais il faut nous occuper de nos projets : le premier moment de son arrivée sera consacré tout entier à l'effusion de nos cœurs; ensuite, Eugénie, comme directrice de la fête, vous veillerez à ce que les enfans remplissent bien les rôles dont nous sommes convenus.

EUGÉNIE.

Je ne sais pas si j'aurai la force de les diriger, tant je suis émue.

Mme DE BLIGNI.

Il faut cependant bien que vous soyez le maître d'orchestre, puisque c'est vous qui devez chanter les chœurs.

SCÈNE VIII.
LISA, LES PRÉCÉDENS.

LISA.

Madame, ma bonne a questionné Madelon, qui a assuré que ce n'était pas la voiture de maman qui avait été accrochée, mais bien celle d'un Anglais qui voyageait.

Mme DE BLIGNI.

Avez-vous vu Joséphine, qui vous cherche, car je crois bien que dans très-peu de temps nous posséderons notre chère voyageuse? (*Elle regarde par la fenêtre.*) Je ne vois point de voiture, parce que les collines m'en dérobent la vue, mais j'entends dans le lointain le roulement d'une chaise de poste.

LISA.

Je cours rejoindre Joséphine et chercher Victor. Oh! quel plaisir j'aurai à embrasser ma bonne tante ! (*Elle sort.*)

SCÈNE IX.
MADAME DE BLIGNI, EUGÉNIE.

Mme DE BLIGNI, *avec gaîté*.

Allons, chef d'orchestre, du courage! voici le moment de votre triomphe qui approche.

EUGÉNIE, *regardant à la fenêtre.*

Je revois la voiture : c'est bien maman.

Mme DE BLIGNI.

Descendons sur la terrasse, nous serons plus tôt près d'elles.

SCÈNE X.

(Sur la terrasse, où il y a des bancs.)

MADAME DE PRÉVAL, *en voyageuse,* MADAME DE BLIGNI, EUGÉNIE, JOSÉPHINE, LISA.

Mme DE PRÉVAL.

Enfin, je vous revois, mes chers enfans, mon excellente amie ! Combien j'ai désiré ce moment ! Mais où est donc Maurice ?

LISA.

Je l'ai cherché partout sans pouvoir le trouver, ma tante.

Mme DE BLIGNI.

N'en soyez pas inquiète ; je suis sûre qu'il s'occupe de vous.

Mme DE PRÉVAL.

Comment cela ?

Mme DE BLIGNI.

Vos oreilles ne le sauront peut-être que trop tôt.

SCÈNE XI.

MAURICE, LES PRÉCÉDENS.

MAURICE.

Maman, maman, comme tu nous a attrapés! Moi qui étais à la petite porte du jardin, tandis que te voilà sur la terrasse! (*Il lui saute au cou.*)

Mme DE PRÉVAL.

As-tu été bien sage, mon petit Maurice? Mais je vois, à l'air de satisfaction de notre bonne amie, qu'elle a été contente de vous tous; c'est compléter le succès qu'a eu mon voyage.

(Sur un coup-d'œil que donne Mme de Bligni aux enfans, ils disparaissent tous.)

SCÈNE XII.

MADAME DE PRÉVAL, MADAME DE BLIGNI

Mme DE PRÉVAL.

C'est à votre inépuisable complaisance, bonne amie, que je dois d'avoir terminé heureusement mes affaires; car ce maudit procès ne serait pas encore jugé si je n'avais pas été moi-même en solliciter la fin.

Mme DE BLIGNI.

Et vous l'avez gagné?

Mme DE PRÉVAL.

Avec frais et dépens. Il a fallu toute votre bonté

pour mes enfans, toute votre amitié pour moi, pour vous engager à me remplacer auprès de ma petite famille : du moins, en avez-vous été contente ?

Mme DE BLIGNI.

Parfaitement ; ils sont charmans !

SCÈNE XIII.

MADAME DE BLIGNI, MADAME DE PRÉVAL.

(Les enfans tenant à la main des guirlandes de fleurs ; Maurice, avec son tambour, est à la tête du cortége.)

MAURICE.

Plan, plan, plan, plan, plan, plan, plan ! Je suis le commandant, moi. (*A ses sœurs.*) A présent, approchez toutes, et dites à maman tout ce que vous avez appris pour elle.

EUGÉNIE.

Pour célébrer une mère chérie,
Réunissons et nos cœurs et nos voix ;
Les plus beaux jours de notre heureuse vie
S'écouleront sous ses aimables lois. (3 *bis.*)

JOSÉPHINE.

Guide éclairé de notre adolescence,
Dans ses leçons elle sait tout prévoir,
Et sa douceur, son extrême indulgence
Nous aplanit la route du devoir. (3 *bis.*)

EUGÉNIE *reprend le chœur.*

Pour célébrer une mère, etc.

SCÈNE XIII.

LISA.

Dans ses regards la vertu se devine :
La pratiquer, près d'elle est un bonheur ;
Car sa bonté sait arracher l'épine,
Et ne nous laisse à cueillir que la fleur. (*Bis.*)

EUGÉNIE.

Pour célébrer une mère, etc.

EUGÉNIE.

Pour lui prouver notre tendresse extrême,
Dans ce moment nous fêtons son retour.
Ah ! nos regards lui disent comme on l'aime ; } *Bis.*
Et chaque fleur est un tribut d'amour.

Ils reprennent tous en chœur :

Pour célébrer une mère chérie,
Réunissons et nos cœurs et nos voix ;
Les plus beaux jours de notre heureuse vie
S'écouleront sous ses aimables lois. (*Bis.*)

(Tous les enfans déposent leurs guirlandes sur les genoux de Mme de Préval.)

MAURICE.

Plan, plan, plan, plan, plan, plan. Maman, je n'ai jamais pu apprendre un compliment qu'on m'avait donné ; mais je te donnerai un joli petit écureuil que j'ai déniché, et qui est tout apprivoisé. Et puis, j'ai bien battu le tambour, n'est-ce pas, maman ?

Mme DE PRÉVAL.

Je suis touchée, mes bons enfans, de cette

preuve d'attention. (*A madame de Bligni.*) Je suis bien sûre, mon amie, que vous n'êtes pas étrangère à cette aimable surprise.

Mme DE BLIGNI.

Lorsque le cœur inspire, il est facile d'être auteur. Mais la fatigue du voyage doit vous avoir donné de l'appétit, et je crois qu'un bon dîner ne déparera pas notre petite fête.

Mme DE PRÉVAL.

C'est très-bien dit; et je me sens en grande disposition d'y faire honneur.

MAURICE.

En avant! marche le cortége. Plan, plan, plan, plan, plan.

(Ils rentrent tous dans la maison.)

LA PÉNITENCE.

THÉODORE, fils de M. de Linval.
FRANCISQUE, fils de M. de Linval.
SOPHIE, fille de M. de Linval.
JULIEN, jockei de M. de Linval.

La scène est dans la chambre de Théodore.

SCÈNE I.

THÉODORE, *seul.*

Comme c'est ennuyeux d'être tout seul! et devoir passer huit jours comme cela, au pain et à l'eau! Il faut convenir que mon papa est bien sévère, bien injuste, bien... Car, enfin, qu'est-ce que j'ai fait? j'ai donné un soufflet à Julien, à un jockei; voyez donc le beau malheur! Pourquoi ne m'apportait-il pas mes souliers quand je les lui demandais? et puis me répondre encore avec son petit air ricaneur. Ah! monsieur Julien! vous vous en souviendrez: si je ne mange que du pain sec, vous êtes sûr de recevoir encore plus d'une taloche de ma façon. Il n'en faut pas moins faire mes devoirs! Au fait, je mourrais d'ennui si je n'avais rien à faire. (*Il prend une plume, ouvre un livre et le referme.*) Toujours les épîtres de Cicéron;

c'est bien amusant, ma foi! Encore si j'avais pour me désennuyer quelques petits contes!

SCÈNE II.

JULIEN, *en dehors de la fenêtre*, THÉODORE.

JULIEN.

St, st.

THÉODORE.

Qui est-ce qui m'appelle? (*Il ouvre la fenêtre.*) Tiens! cela a l'air d'un fantôme; qu'est-ce donc que cette mascarade? Ah! je vois, c'est Francisque qui se sera déguisé, dans la crainte d'être reconnu par papa qui, dans sa colère, a bien défendu que l'on communique avec moi. Il me montre un petit panier : comment faire pour l'avoir? Ah! il y a ici une pelote de ficelle; bon! (*Il court prendre la pelotte de ficelle et en jette un bout par la fenêtre; un moment après il retire le panier.*) Va-t-en bien vite! car si papa te voyait, tu serais peut-être claquemuré comme moi. (*Il referme la fenêtre.*)

SCÈNE III.

THÉODORE *seul, découvrant le panier.*

Oh! le bon Francisque, est-il aimable! la moitié d'un poulet, une bouteille de vin, des brioches. Bon! voilà de quoi me faire oublier mon carême. (*On frappe à la porte.*) Il faut bien vite cacher mes provisions. (*Il remet le panier dans une armoire.*) Qui est là?

SCÈNE IV.

SOPHIE, *en dehors de la chambre,*
THÉODORE.

SOPHIE.

C'est moi.

THÉODORE.

Eh bien, toi! Tu sais bien que je ne puis pas t'ouvrir : papa a la clé dans sa poche.

SOPHIE.

Si tu dévissais la serrure?

THÉODORE.

Tu as, ma foi, raison; mais si papa venait?

SOPHIE.

Il est sorti pour long-temps.

THÉODORE *dévisse la serrure avec un couteau, et ouvre la porte.*

Oh! ma bonne petite sœur, que je suis content de te voir! Tu es bien gentille de venir tenir compagnie au pauvre prisonnier.

SOPHIE.

Je serais bien plus contente, si tu n'avais pas mérité ta pénitence; car c'est bien affreux d'avoir frappé le pauvre Julien.

THÉODORE.

Si c'était à refaire, je ne le ferais peut-être pas; mais crois-tu, Sophie, qu'on soit toujours maître de soi?

SOPHIE.

Le pauvre Julien, qui est toujours si complaisant pour toi! qui, dernièrement encore, a mieux aimé se laisser gronder bien fort par papa que de dire que c'était toi qui avais fourragé les planches de tulipes en courant après ton cerf-volant.

THÉODORE.

C'est vrai; mais que veux-tu? ce qui est fait est fait.

SOPHIE.

Quand on a mal fait, on ne peut donc pas le réparer.

THÉODORE.

Ne voilà-t-il pas que tu viens aussi me sermoner? J'en suis fâché; voilà tout : n'en parlons plus.

SOPHIE.

J'ai pensé que le pain sec te paraîtrait bien dur, et je t'ai apporté un pot de confitures; et, pour que tu ne t'ennuies pas, voici l'Oiseau bleu et la Belle aux cheveux d'or.

THÉODORE.

Est-ce que je m'amuse à de pareilles niaiseries?

SOPHIE.

C'est pourtant bien joli, bien touchant!

THÉODORE.

Cela te paraît tel, à toi qui n'es qu'une enfant; mais moi, qui ai dix ans, tu sens bien, Sophie, que cela ne peut pas m'amuser.

SOPHIE.

Avec tes dix ans, tu devrais bien être plus raisonnable.

THÉODORE.

Eh bien, encore? Silence, Mam'selle de la raison; je te remercie bien plus du pot de confitures que de ton sermon.

SCÈNE V.

FRANCISQUE, THÉODORE, SOPHIE.

FRANCISQUE.

Quoi! tu as pu entrer, Sophie? Comment donc as-tu fait?

THÉODORE.

J'ai ôté la serrure.

FRANCISQUE.

Ah! si papa le savait, tu es bien sûr que ta pénitence serait doublée.

THÉODORE.

Il ne le saura pas, puisqu'il est sorti.

FRANCISQUE.

C'est égal, cela n'est pas toujours bien, et à ta place j'aurais mieux aimé me soumettre complétement et avec docilité à la punition qu'on m'aurait infligée.

THÉODORE.

Tu es donc devenu bien scrupuleux, depuis que tu m'as fait monter le petit panier?

FRANCISQUE.

Quel petit panier?

THÉODORE.

Ne fais donc pas l'ignorant; malgré ton déguisement je t'ai bien reconnu.

FRANCISQUE.

Je te jure que je n'ai point apporté de panier.

THÉODORE, *prenant le panier dans l'armoire.*

Le voilà pourtant.

SOPHIE.

C'est le panier dans lequel la mère de Julien lui avait envoyé des marrons.

THÉODORE.

Serait-il possible que ce fût Julien....

FRANCISQUE.

A coup sûr ce n'est pas moi.

SOPHIE.

Ni moi.

SCÈNE VI.

M. DE LINVAL, LES PRÉCÉDENS.

M. DE LINVAL.

A merveilles ! c'est donc ainsi que l'on suit mes ordres !

THÉODORE.

Mon papa, je vous en conjure, doublez plutôt ma pénitence, mais ne punissez pas mon frère ni ma sœur.

M. DE LINVAL, *à part.*

Bon mouvement qui me fait plaisir. (*Haut.*) Comment ! que je ne punisse pas une pareille indocilité ? ce serait une grande faiblesse de ma part. (*Regardant ce qu'il y a dans le panier.*) Des vivres, des friandises ! Quand je vous ai puni, Monsieur, c'était pour vous faire sentir l'énormité de la faute que vous aviez commise ; il me paraît que vous êtes très-repentant.

THÉODORE.

Mon papa....

M. DE LINVAL.

C'est sans doute Francisque qui est votre munitionnaire ; il doit être puni de sa désobéissance.

FRANCISQUE.

Mon papa, je me soumettrai à tout ce qu'il vous plaira; je ne vous demande qu'une grâce, c'est de me permettre de partager la prison de Théodore.

SOPHIE.

Je vous assure, papa, que ce n'est pas Francisque qui a apporté le panier.

M. DE LINVAL.

C'est donc vous, Mademoiselle?

SOPHIE.

Non, papa; je n'ai apporté que les confitures et l'Oiseau bleu.

M. DE LINVAL.

Je veux connaître le coupable, et si vous ne me faites pas un aveu franc, vous serez punis tous trois également.

SCÈNE VII.

JULIEN, LES PRÉCÉDENS.

JULIEN, *avec timidité*.

C'est moi, Monsieur, qui suis le désobéissant.

M. DE LINVAL.

Toi, Julien! je ne m'en serais pas douté.

JULIEN.

Quand j'ai vu que M. Théodore était puni à

cause de moi, j'en ai eu bien du chagrin, et j'ai voulu le consoler en lui faisant parvenir quelques douceurs.

THÉODORE, *pleurant.*

Oh! combien j'ai de regrets, bon Julien, de m'être si mal conduit avec toi! je t'en prie, bats-moi pour que je ne me trouve plus si coupable.

M. DE LINVAL.

Vous voyez quel exemple cet enfant vous donne, à vous, qui, ayant plus d'éducation, devriez être exempts de ces vices grossiers qui sont ordinairement le partage d'une classe plus ignorante. (*A Théodore.*) Votre conduite avec Julien a eu toute la dureté et la bassesse imaginables; car, frapper celui qui nous est inférieur, en naissance ou en fortune, c'est une lâcheté, puisque sa dépendance l'empêche de prendre sa revanche : la conduite de Julien est au contraire grande et généreuse, puisqu'il ne se venge de votre injustice et de votre brutalité qu'en cherchant à vous faire plaisir.

THÉODORE.

Je vous en prie, mon papa, permettez-moi de donner à Julien mon plus bel habit.

M. DE LINVAL.

Sachez, mon fils, qu'il y a des procédés qu'on ne peut reconnaître avec des cadeaux, et des offenses qui ne s'effacent pas avec de l'argent : Julien, par sa conduite, est fort au-dessus de vous dans ce moment ; je ne puis l'en récompenser qu'en lui donnant le bienfait de l'éducation qui développera en lui le germe des sentimens honorables que j'en attends.

FRANCISQUE.

Si vous voulez, mon papa, je me chargerai de montrer à écrire et à compter à Julien ?

THÉODORE.

Et moi, je lui apprendrai à dessiner.

M. DE LINVAL.

Lorsqu'on fait le bien, il faut toujours le faire avec discernement : je veux mettre Julien à même de se placer avantageusement ; et l'écriture ainsi que l'arithmétique lui seront plus utiles, pour y parvenir, que les talens d'agrément.

SOPHIE.

Papa, puisque vous êtes si bon, vous nous pardonnerez à tous notre désobéissance, n'est-ce pas ?

M. DE LINVAL.

Oui, dans l'espérance que vous profiterez de mes leçons, et que désormais je n'aurai pas de plaintes graves à porter contre vous.

LA PAUVRE FAMILLE.

Mme DE SOLIGNI.
ÉMILIE, fille de Mme de Soligni.
CYRILLE, fils de Mme de Soligni.
HÉLÈNE, femme de chambre de Mme de Soligni.
Mme ÉVRARD, veuve ayant quatre enfans.
ADÈLE, petite-fille de Mme de Soligni, âgée de six ans.

La scène est dans un salon d'étude.

SCÈNE I.

MADAME DE SOLIGNI, ADÈLE.

Mme DE SOLIGNI.

Viens, ma bonne petite : tu n'as pas encore dit ta leçon aujourd'hui, et je sais combien tu désires pouvoir lire la belle histoire que je t'ai montrée, et où il y a de si jolies images.

ADÈLE.

C'est que j'aimerais beaucoup mieux jouer avec ma poupée, bonne maman.

Mme DE SOLIGNI.

Mais ta poupée ne t'apprendra pas à lire, et tu ne sauras jamais la belle histoire.

ADÈLE.

C'est bien ennuyeux d'apprendre !

Mme DE SOLIGNI.

Dans quelques années tu trouveras que c'est bien amusant de savoir.

ADÈLE.

Allons, il faut donc bien en prendre son parti ! va dans ton cabinet, ma chère petite poupée ; j'irai bientôt te rejoindre.

(Elle porte sa poupée dans un coin.)

SCÈNE II.

MADAME DE SOLIGNI, ADÈLE, CYRILLE.

CYRILLE.

Chère maman, je viens de voir un marchand qui a un si joli violon, et bien bon : oh ! si vous vouliez me l'acheter !

Mme DE SOLIGNI.

Vous dites, mon ami, qu'il est bien bon ; vous y connaissez-vous ?

CYRILLE.

Maman, je l'ai essayé ; il a un son excellent.

Mme DE SOLIGNI.

Et combien veut-on de cet instrument ?

CYRILLE.

Le marchand le fait quatre louis, mais je crois qu'on l'aurait bien pour trois.

Mme DE SOLIGNI.

C'est beaucoup d'argent! et au moins faut-il être sûr de ne le pas mal employer. Menez ce marchand chez votre maître, que vous prierez d'essayer le violon, et vous viendrez me dire après ce qu'il en pense.

CYRILLE.

Comme je jouerai bien dessus ce beau concerto de *Rhode*! (*Il sort.*)

SCÈNE III.

MADAME DE SOLIGNI, ADÈLE.

Mme DE SOLIGNI.

Eh bien, petit lutin, tu espères échapper à la leçon, j'en suis sûre; que fais-tu donc dans ce petit coin?

ADÈLE.

Bonne maman, je montre à lire à ma poupée; j'ai bien de la peine, je vous assure, car la petite sotte ne veut rien apprendre.

Mme DE SOLIGNI.

L'écolière ressemble à la maîtresse, n'est-ce pas?

ADÈLE.

Non pas moi, bonne maman, car je veux lire la belle histoire.

Mme DE SOLIGNI.

Eh bien, venez l'apprendre.

(Adèle s'approche de sa bonne maman.)

SCÈNE IV.

ÉMILIE, LES PRÉCÉDENS.

ÉMILIE.

Maman, maman, le joli chapeau que je viens de voir! oh, ma petite maman, achetez-le-moi, s'il vous plaît!

Mme DE SOLIGNI.

Vous en avez encore un qui peut fort bien vous servir, ma chère amie; ce sont des superfluités auxquelles on regrette de mettre de l'argent.

ÉMILIE.

Maman, il n'est pas bien cher; on en veut trente-six francs : il y a des plumes, un petit oiseau de Paradis. Vous savez qu'il y a un bal, et une noce où nous devons aller dans quinze jours; ma chère maman, je vous en prie, achetez-moi le joli chapeau.

Mme DE SOLIGNI.

Il est encore possible de nous arranger : si vous avez si fort envie de ce chapeau, que je ne juge pas du tout nécessaire, vous pouvez y employer l'argent que je vous donne pour vos menus plaisirs;

je veux bien vous avancer les trente-six francs que vous désirez si vivement, mais ce n'est qu'une avance, et vous serez six mois sans rien recevoir.

ÉMILIE.

J'y consens bien volontiers.

SCÈNE V.
HÉLÈNE, LES PRÉCÉDENS.

ADÈLE, *à part*.

J'espère, grâce à toutes ces demandes, que la leçon de lecture ne se donnera qu'à ma poupée.

HÉLÈNE.

Madame, il y a à la porte une dame qui demande à vous parler ; elle a l'air bien souffrante.

Mme DE SOLIGNI.

Faites-la entrer dans ma chambre, si c'est à moi seule qu'elle veut parler ; ou bien ici, si elle n'a rien de particulier à me dire. (*Hélène sort.*)

SCÈNE VI.
MADAME DE SOLIGNI, ÉMILIE, ADÈLE.

ÉMILIE.

Je puis compter sur le chapeau, n'est-ce pas, maman ?

Mme DE SOLIGNI.

Je vous ai promis une avance, la voilà (*elle*

lui donne trente-six francs); mais je serai bien aise de présider moi-même à cette emplette, et dès que la dame qui me demande aura fini sa visite, nous irons ensemble chez la marchande.

ADÈLE, *à part.*

Oh bon! ennuyeuse leçon, vous êtes finie pour aujourd'hui.

SCÈNE VII.

MADAME ÉVRARD, LES PRÉCÉDENS.

Mme ÉVRARD *paraît souffrir, et s'exprime avec embarras; on lui offre un siége avec politesse.*

Je ne sais, Madame, comment vous exprimer le sujet de ma visite.

Mme DE SOLIGNI.

Désirez-vous que je fasse retirer les enfans?

Mme ÉVRARD.

Non, Madame, la vue de votre jeune famille soutient au contraire mon courage. Hélas! j'en ai une aussi, Madame; je suis veuve depuis trois mois, et quatre enfans sont les objets de ma constante sollicitude! Mon mari avait contracté, par obligeance, des engagemens que nous n'avons pas pu remplir, il en est mort de chagrin; et, dans ce moment, je suis poursuivie avec une rigueur... qui me met au désespoir...

SCÈNE VII.

Mme DE SOLIGNI.

Si je puis être assez heureuse pour vous obliger, Madame, ce sera de tout mon cœur ; personne ne peut sentir plus vivement qu'une mère de famille les inquiétudes de la tendresse.

Mme ÉVRARD.

Il est si pénible de recourir à la pitié des autres ! Il a fallu, Madame, toute la confiance qu'inspire votre réputation, pour me décider à oser venir vous peindre ma triste position; mais l'obligeance de votre accueil m'encourage.

Mme DE SOLIGNI, *avec sensibilité.*

Parlez, Madame, avec confiance, avec courage ; aucun détail de ce qui vous concerne ne peut m'être importun.

Mme ÉVRARD.

Après avoir épuisé toutes nos ressources pour acquitter la dette que mon mari avait contractée pour un autre, nous ne devions plus que trois cents francs pour lesquels on nous avait accordé un délai; mais, depuis, on a multiplié les frais, fait des saisies; on me menace d'obtenir contre moi, qui avais souscrit cette dernière dette, un jugement et une prise de corps.

ÉMILIE.

Les barbares !

Mme ÉVRARD.

La crainte d'être séparée de mes enfans m'a

donné de l'énergie : j'ai vaincu l'amour-propre (*pleurant*), et c'est dans le sein de la vertu que je suis venue déposer mes peines et mes espérances......

Mme DE SOLIGNI.

Je vous remercie de cette confiance, elle m'honore, et je ferai tout mon possible pour que votre espoir ne soit point trompé. On pourrait peut-être obtenir quelques jours de délais.

Mme ÉVRARD.

Hélas! c'est avec peine que je suis forcée d'avouer qu'on ne me donne que vingt-quatre heures!

Mme DE SOLIGNI, *réfléchissant*.

C'est bien embarrassant!

SCÈNE VIII.

CYRILLE, LES PRÉCÉDENS.

CYRILLE.

Maman, mon maître trouve le violon délicieux; il dit que c'est très-bon marché, et doit revenir dans une demi-heure avec le marchand.

Mme DE SOLIGNI.

Nous nous occuperons de cela dans un autre moment.

ÉMILIE *fait des signes à son frère, et se retire avec lui dans une embrasure de croisée, où elle lui parle avec beaucoup de chaleur.*

Mme ÉVRARD.

Le créancier avide qui me poursuit m'avait proposé de souscrire un autre engagement, mais si usuraire, si désavantageux, que ce serait consommer ma ruine et celle de mes enfans, que d'y consentir, car je doublerais presque ma dette.

Mme DE SOLIGNI.

Le mal n'en deviendrait que plus difficile à guérir.

SCÈNE IX.

(Cyrille sort avec précipitation.)

ÉMILIE, *à madame de Soligni.*

Maman, voilà les trente-six francs que vous m'aviez avancés : je ne veux plus de chapeau ; et je les trouverais bien mieux employés, si vous vouliez les offrir à cette dame.

Mme DE SOLIGNI.

Ton cœur a deviné mes vœux, et je t'en remercie. (*A madame Évrard.*) Permettez à ma fille de partager efficacement l'intérêt que vous nous inspirez ; elle est digne que vous lui accordiez cette grâce, et voici sa légère offrande.

Mme ÉVRARD.

Heureuse mère ! puissiez-vous jouir long-temps des vertus de vos enfans !

SCÈNE X.

CYRILLE, LES PRÉCÉDENS.

CYRILLE.

Maman, d'après tout ce que ma sœur m'a raconté, je trouve le violon, dont j'avais si envie, bien cher ; et je vous supplie de disposer de l'argent que vous vouliez y mettre, en faveur de cette dame.

Mme DE SOLIGNI.

Et le concerto de M. *Rhode* ?

CYRILLE.

J'éprouverai une harmonie bien plus douce en pensant que cet argent, qui devait satisfaire une fantaisie, a été employé pour le bonheur d'une famille entière.

Mme DE SOLIGNI.

Bien, mon fils ; conserve toujours de pareils sentimens, et je serai la plus heureuse des mères.

ADÈLE, *à part.*

Je voudrais pourtant bien offrir quelque chose à la dame. (*A madame Évrard.*) Madame, avez-vous des petites filles pas plus grandes que moi ?

SCÈNE X.

Mme ÉVRARD.

J'en ai une encore plus petite, Mademoiselle.

ADÈLE.

Eh bien, je vais vous donner pour elle ma poupée qui marche toute seule; j'avais déjà commencé à lui montrer à lire; elle achèvera de devenir savante auprès de sa nouvelle maîtresse. Tu veux bien, bonne maman?

Mme DE SOLIGNI.

Oui, sans doute, chère petite. (*A madame Évrard.*) Je vais, Madame, vous chercher la somme qui peut vous tirer d'embarras : heureuse de pouvoir vous l'offrir!

Mme ÉVRARD.

Sa manière double le prix du bienfait, qui, dans ce moment, est d'un prix inestimable. Je vais vous faire, Madame, une reconnaissance de la somme que vous voulez bien me prêter.

Mme DE SOLIGNI.

Je ne veux avoir que votre cœur pour débiteur.

LE MYSTÈRE.

Mme DE COURCY.
OLYMPE, fille aînée de Mme de Courcy, âgée de quatorze ans.
ÉLÉONORE, fille puînée de Mme de Courcy, âgée de douze ans.
ARMANDE, fille cadette de Mme de Courcy, âgée de dix ans.
MARIANNE, gouvernante des demoiselles de Courcy.
ROLIN, déserteur.

La scène se passe dans un château, en Bretagne.

(Le théâtre représente une chambre ayant vue sur un jardin.)

SCÈNE I.

MADAME DE COURCY, MARIANNE.

Mme DE COURCY.

Je ne sais comment expliquer la conduite de mes enfans. Depuis quelques jours elles sont pensives, rêveuses, sans en excepter la folâtre Armande; elles ont toujours l'air de chuchoter, de me faire des mystères; et cette disposition m'inquiète. Avez-vous fait les mêmes remarques, Marianne?

MARIANNE.

Oui, Madame; et j'ai observé de plus que mademoiselle Olympe et mademoiselle Éléonore allaient au jardin, dans la grande allée de charmille, dès qu'elles pouvaient s'échapper, et qu'elles mettaient mademoiselle Armande en sentinelle.

Mme DE COURCY.

Cela est vraiment inquiétant, car on ne se cache pas lorsqu'on ne fait point de mal. Comment pourrions-nous découvrir les causes de toutes ces cachoteries?

MARIANNE.

Je me suis mise plusieurs fois en embuscade; mais mademoiselle Armande est si fine, qu'elle a toujours fait échouer mes ruses.

Mme DE COURCY.

Et puis l'espionnage a quelque chose qui me répugne.

MARIANNE.

Cependant, Madame, vous ne pourrez jamais rien découvrir, si je ne prends ce moyen.

Mme DE COURCY.

Si je les interrogeais séparément, en les pressant de questions? peut-être parviendrais-je à savoir quelque chose.

MARIANNE.

Elles paraissent se tenir sur leurs gardes.

SCÈNE I.

Mme DE COURCY.

Quoi! j'aurais perdu la confiance de mes enfans! Je ne saurais dire à quel point cette pensée m'afflige.

MARIANNE.

Vous savez, Madame, comme sont les jeunes personnes : tout ceci n'est peut-être qu'un enfantillage.

Mme DE COURCY.

N'importe; pour ma tranquillité, je veux tout éclaircir.

MARIANNE, *regardant par la fenêtre*.

Mettez-vous près de la croisée. Voyez-vous mademoiselle Olympe et mademoiselle Éléonore qui regardent de tous côtés si on ne les voit pas? Elles entrent bien vite dans la grande allée ; et mademoiselle Armande leur fait signe de ne rien craindre, qu'elle les avertira.

Mme DE COURCY.

Si j'allais les surprendre?

MARIANNE.

La fine mouche d'Armande ne vous en laisserait pas le temps.

Mme DE COURCY.

Comment donc faire?

MARIANNE.

Il me vient une idée : je vais passer par la

basse-cour, et je monterai, sans être vue, sur le mur que l'on doit réparer.

Mme DE COURCY.

Va, bonne Marianne, et surtout ne me laisse pas languir long-temps.

SCÈNE II.

MADAME DE COURCY, *seule, regardant par la croisée.*

Armande fait toujours le guet. Quand même ces menées n'auraient rien de coupable, elles ont toujours un grand inconvénient, celui d'accoutumer à la dissimulation des enfans à qui ma bonté, mon indulgence et mon amitié, ne devraient inspirer que le sentiment de la plus entière confiance. Mais voilà Olympe qui se sauve d'un côté, tandis qu'Éléonore est obligée de s'appuyer contre un arbre, tant sa frayeur paraît grande : Armande ne manifeste que de l'étonnement. Voyons ce que tout ceci deviendra.

SCÈNE III.

OLYMPE, MADAME DE COURCY.

Mme DE COURCY.

Bon Dieu! ma fille, que vous est-il arrivé ? Vous paraissez hors de vous.

SCÈNE III.

OLYMPE.

C'est... que j'ai couru, maman, et cela m'a agitée.

Mme DE COURCY.

Et pourquoi courir au point de vous faire mal ? étiez-vous poursuivie ?

OLYMPE.

Non... maman.

Mme DE COURCY, *regardant fixement sa fille.*

Olympe !

OLYMPE, *baissant les yeux.*

Maman ?

Mme DE COURCY.

Ne suis-je donc plus votre amie ?

OLYMPE.

Oh ! maman, pouvez-vous me dire une pareille chose !

Mme DE COURCY.

A-t-on quelque chose de caché pour ceux qu'on aime ?

OLYMPE.

Mais, maman... je ... ne vous cache rien.

Mme DE COURCY.

Ta candeur se refuse à proférer un mensonge, et je suis sûre que ta conscience te reproche de vouloir me tromper.

OLYMPE.

Maman, il est vrai que je vous tais un secret; mais ce secret n'est pas le mien.

Mme DE COURCY.

Et comment as-tu pu consentir à connaître quelque chose que je ne dois pas savoir? C'est, tout au moins, une grande imprudence.

OLYMPE.

C'est le hasard qui a tout fait; mais j'ai juré de ne rien dire.

Mme DE COURCY.

Vous me donnez les plus vives inquiétudes, ma fille, car on n'a pu exiger de vous un pareil serment, qu'en ayant des intentions coupables.

OLYMPE, *avec feu.*

Être malheureux n'est pas toujours être criminel. (*A part.*) Mais je pourrais commettre quelque imprudence : échappons à l'indiscrétion par la fuite. (*Haut.*) Maman, j'ai laissé Éléonore prête à se trouver mal; permettez que j'aille la secourir.

(*Elle s'enfuit.*)

SCÈNE IV.

MADAME DE COURCY, *seule.*

Je m'y perds.

SCÈNE V.

MADAME DE COURCY, MARIANNE.

MARIANNE, *effrayée*.

J'ai vu de terribles choses, Madame !

Mme DE COURCY.

Parlez bien vite, l'attente me fait mourir d'impatience et de frayeur.

MARIANNE.

Je suis allée, comme je vous l'avais dit, par la basse-cour; montée sur le mur, j'ai vu un homme...

Mme DE COURCY.

Un homme !

MARIANNE.

D'assez mauvaise mine, à qui mesdemoiselles Éléonore et Olympe donnaient du pain et différentes provisions; l'inconnu les remerciait avec beaucoup d'attendrissement; mais, ayant levé les yeux, il m'a aperçue et m'a indiquée à ces demoiselles, qui ont jeté un cri et se sont enfuies avec la plus grande précipitation. L'étranger a voulu fuir aussi, mais je l'ai poursuivi de toute la vitesse de mes jambes ; et, lorsqu'il a passé par la basse-cour, j'ai détaché Brifaut, qui a été plus leste que moi, et a saisi le fuyard par la jambe : la douleur lui a fait faire un faux pas ; il est tombé, et j'ai appelé les garçons de la ferme, qui s'en sont emparés et l'ont enfermé dans l'écurie.

Mme DE COURCY, *vivement.*

Vous avez commis une grande imprudence, mon enfant, de mettre ainsi la réputation de mes filles à la merci des garçons de la ferme; il aurait mieux valu laisser échapper cet homme : mais puisque le mal est fait, il faut au moins en arrêter les suites. Courez dire aux garçons de la ferme que je veux parler à cet étranger, et tâchez de me l'amener sans le secours de personne.

MARIANNE.

Oui, Madame. (*Elle sort.*)

SCÈNE VI.

MADAME DE COURCY.

Quelle perplexité affreuse! mes filles allant mystérieusement porter à manger à un homme qui se cache! O jeunesse! imprudente jeunesse! que ne pouvez-vous acquérir les lumières de l'expérience sans que ce soit à vos dépens!

SCÈNE VII.

MADAME DE COURCY, ARMANDE.

ARMANDE.

Mon Dieu, maman, Éléonore s'est trouvée mal dans le jardin; Olympe a beau lui prodiguer des secours, elle ne peut réussir à lui rendre la connaissance.

SCÈNE VII.

Mme DE COURCY, *à part.*

Profitons de son émotion pour découvrir la vérité. (*Haut.*) Voilà à quoi mènent les démarches imprudentes, et les secrets coupables!

ARMANDE, *à part.*

Maman saurait-elle quelque chose? (*Haut.*) Que voulez-vous dire, maman?

Mme DE COURCY.

Que les jeunes personnes qui se cachent de leur mère, de celle qui est encore plus leur amie que leur guide, doivent tomber dans tous les piéges, dans toutes les erreurs, et connaître les remords.

ARMANDE, *à part.*

Elle sait tout. (*Haut.*) Maman, maman, ne me regardez pas avec cette sévérité qui me fait tant de peine; je vous en conjure, chère maman, laissez tomber sur votre fille un regard de bonté, d'indulgence; je veux tout vous avouer.

Mme DE COURCY.

Cet aveu est bien méritoire, en vérité, puisque vous ne pouvez plus me rien cacher. Mais au moins je jugerai si vous avez de la franchise; parlez.

ARMANDE.

Avant-hier nous nous promenions sous la grande allée, lorsqu'un bruit imprévu nous a fait tressaillir; en même temps nous avons découvert, derrière la charmille, un homme qui était si pâle, si pâle, que nous avons cru qu'il allait mourir; nous avions bien peur, et nous allions nous sauver, lorsqu'il nous a tendu des mains suppliantes, en nous disant : Au nom du Dieu de bonté, Mesdemoiselles, secourez-moi, et ne me dénoncez pas! Voyant qu'il parlait du bon Dieu, cela nous a un peu rassurées, et nous nous sommes approchées de lui. Il nous a dit qu'il était déserteur, qu'il y avait vingt-quatre heures qu'il n'avait mangé, et qu'il mourait de fatigue et de besoin; qu'ayant vu un parc, il s'y était introduit, pour s'y cacher et y passer la nuit. Ensuite il nous a fait jurer de ne dire à personne ce qu'il nous confiait. Nous avons juré; ainsi vous voyez bien, maman, que nous ne pouvions pas le dire. Olympe est allée lui chercher à manger, hier. Comme il était encore bien fatigué, nous l'avons engagé à se reposer encore; et comme il devait partir demain le matin, mes sœurs lui ont porté quelque argent et des vivres; mais ma bonne, qui a paru tout à coup, les a tellement effrayées, qu'Éléonore s'est trouvée mal : voilà toute la vérité, maman, je vous l'assure.

Mme DE COURCY, *à part.*

Je respire. (*Haut.*) Imprudentes! retournez auprès de vos sœurs, et tâchez de faire revenir

Éléonore avec ce flacon d'alcali; laissez-moi, j'ai besoin d'être seule.   (*Armande sort.*)

SCÈNE VIII.

Mme DE COURCY, *seule*.

Est-ce réellement un déserteur? je vais m'en assurer! Pourvu qu'il ne se soit pas compromis avec les garçons de la ferme!

SCÈNE IX.

ROLIN, MARIANNE, Mme DE COURCY.

MARIANNE, *tenant Rolin par le bras*.

N'ayez pas peur, vous dis-je, Madame est extrêmement bonne.

ROLIN, *avec confusion*.

Je dois vous paraître bien coupable, Madame; mais si vous daignez entendre mes aveux, vous me jugerez, j'espère, plus malheureux que criminel.

Mme DE COURCY.

Cela me paraît assez difficile, jeune homme; car c'est un crime de déserter ses drapeaux, et un crime non moins grand de profiter de l'inexpérience de mes filles pour leur faire commettre des inconséquences!.... Enfin, parlez, mais surtout sans déguisement.

ROLIN.

Je servais depuis trois ans, Madame, sans m'être attiré la moindre réprimande de mes chefs; il y a trois jours que je reçus une lettre de mon pays, où mon père est maître d'école : on me disait qu'il était dangereusement malade, et qu'il désirait me voir, pour me donner sa dernière bénédiction. Je courus chez mon capitaine pour obtenir un congé; il était absent. J'allai chez le major; il venait de partir pour huit jours : le colonel était à Paris. Le désespoir s'empara de moi, je perdis la tête : j'avais toujours devant les yeux mon père mourant; et, bravant les rigueurs de la loi, j'oubliai mon devoir et mes engagemens.... La préoccupation où j'étais, le remords peut-être, troubla ma raison au point de ne pouvoir reconnaître mon chemin; je m'égarai, et, exténué de fatigue, j'ai cherché un abri dans votre parc, et profité de la généreuse pitié de vos demoiselles, pour prolonger mon existence; mais Dieu m'est témoin qu'aucune pensée coupable n'est entrée dans mon cœur...

Mme DE COURCY.

Assez, jeune homme; les motifs de votre faute la rendent peut-être excusable. Mais savez-vous le tourment qu'une mère peut éprouver lorsqu'elle se voit privée de la confiance de ses enfans?... Vous avez sans doute quelques papiers qui peuvent prouver ce que vous dites?

ROLIN, *lui présentant un porte-feuille.*

Voilà la lettre que j'ai reçue, et qui m'annonçait la maladie de mon père.

Mme DE COURCY.

Je ne vous conseille pas de poursuivre votre route, car, depuis que cette lettre est écrite, ou Dieu aura disposé de votre père, ou il doit être guéri, et votre position actuelle est très-critique. Quel est votre colonel?

ROLIN.

M. le comte de Sorbières.

Mme DE COURCY.

Je le connais, et vais lui écrire. Croyez-moi, retournez à vos drapeaux : c'est au nom de l'honneur que je vous y engage, et cet appel ne peut être indifférent à un Français. Si vous êtes puni, au moins la punition sera légère, car on appréciera les motifs de votre faute, et votre retour provoquera l'indulgence de vos chefs.

ROLIN.

Je me soumettrai sans peine à vos ordres, Madame, et n'oublierai jamais l'indulgente bonté avec laquelle vous daignez me traiter.

MARIANNE.

Pauvre jeune homme!

SCÈNE X.

Mme DE COURCY, MARIANNE, ROLIN, ARMANDE, OLYMPE, ÉLÉONORE.

OLYMPE.

Que vois-je! notre pauvre déserteur?

ÉLÉONORE.

N'est-ce pas, maman, que sa faute est graciable? C'est pour son père qu'il avait déserté.

Mme DE COURCY.

Oui, il était bon fils; et vous, Mesdemoiselles, vous n'avez pas craint de me causer les plus vives inquiétudes.

ROLIN.

Ah! Madame, si vous avez bien voulu me juger avec indulgence, daignez l'étendre à la faute que j'ai fait commettre à ces demoiselles! Elles m'ont sauvé la vie!

Mme DE COURCY.

A Dieu ne plaise que je leur reproche un acte d'humanité; mais ne connaissent-elles donc pas mon cœur, et devaient-elles me cacher un bienfait que j'aurais eu du plaisir à partager? Mais ne parlons plus de cela. Marianne, conduis Monsieur à la petite chambre verte ; fais bien attention que personne ne le voie. Dis aux garçons de la ferme ce que tu voudras, pour mettre en défaut leur curiosité. Donne bien à manger à ton prisonnier, et qu'il parte demain, à la pointe du jour. (*A Rolin.*) Je vous ferai remettre, ce soir, la lettre pour votre colonel. (*Marianne et Rolin sortent.*)

SCÈNE XI.

Mme DE COURCY, ARMANDE, OLYMPE, ÉLÉONORE.

OLYMPE.

Bonne maman, daignez nous pardonner notre étourderie !

Mme DE COURCY.

Rappelez-vous toujours, mes enfans, que votre âge ne vous permet pas de juger les conséquences des secrets qu'on peut exiger de vous, et que votre mère seule a le droit de régler vos actions. Mais je lis dans vos yeux tout le regret que vous éprouvez de m'avoir fait de la peine : aussi ce sont des conseils que je vous donne, et non des reproches que je vous fais.

LA PETITE RAPPORTEUSE.

Mme DE FONVIÈLE.
M. DE FONVIÈLE.
CLARA, leur fille.
ALPHONSE, son frère.
THÉRÈSE, domestique.

La scène est dans le salon.

SCÈNE I.

M. DE FONVIÈLE, Mme DE FONVIÈLE.

M. DE FONVIÈLE.

Je ne saurais vous dire, ma bonne amie, combien je suis affligé du défaut favori de Clara ; si elle continue, son caractère ne lui fera que des ennemis, et je voudrais bien trouver, de concert avec vous, un moyen de l'en corriger.

Mme DE FONVIÈLE.

Je crois que sa tête est plus coupable que son cœur, car, lorsqu'elle a fait de la peine, elle en est désolée ; cependant je suis de votre avis, et crois qu'il faudrait lui donner une leçon assez forte pour lui faire une vive impression.

M. DE FONVIÈLE.

Emploirons-nous la sévérité, la douceur, ou le ridicule?

Mme DE FONVIÈLE.

Oh, mon ami! la douceur me paraît préférable à tout; je vous en conjure, n'employez point d'autres moyens.

M. DE FONVIÈLE.

Ne pourrait-on pas donner le nom de faiblesse à cette volonté maternelle? N'importe, j'y souscris.

SCÈNE II.

M. DE FONVIÈLE, Mme DE FONVIÈLE, CLARA.

CLARA, *marchant sur la pointe du pied.*

Je viens de voir quelque chose, maman : oh! quelque chose!...

Mme DE FONVIÈLE, *avec indifférence.*

Qu'as-tu donc vu?

CLARA.

Mam'selle Thérèse..., qui, tout en soignant le pot au feu, a levé le couvercle de la marmite, et a mis dans une grande tasse un bouillon : oh! un bouillon!... dont je crois encore sentir la bonne odeur. Je ne m'étonne pas si vous dites souvent que la soupe sent l'eau chaude lorsqu'on prend le premier bouillon...

M. DE FONVIÈLE.

Et comment as-tu pu faire cette belle découverte?

CLARA.

Pour ça, j'ai ouvert tout doucement, tout doucement la porte de la cuisine, et je ne suis pas entrée, mais j'ai bien tout vu.

Mme DE FONVIÈLE.

Il me semble difficile de pouvoir juger bien exactement ce qui se passe dans une chambre, lorsque la porte n'est qu'entr'ouverte.

CLARA.

Maman, je vous assure que j'ai bien regardé et bien vu.

M. DE FONVIÈLE.

Et Thérèse, a-t-elle mangé cet excellent potage?

CLARA.

Je ne crois pas; il me semble le lui avoir vu cacher dans une armoire, probablement parce qu'elle craignait d'être vue dans ce moment.

Mme DE FONVIÈLE.

Le *probablement* est charitable!

M. DE FONVIÈLE.

Je suis d'avis de donner de suite le congé à Thérèse.

Mme DE FONVIÈLE.

Elle nous sert depuis quinze ans avec tant de zèle !

M. DE FONVIÈLE.

C'est vrai ; mais vous voyez qu'elle a oublié ses principes.

CLARA, *avec émotion*.

Oh ! mon papa, pardonnez à Thérèse, je vous en supplie ; c'est une si bonne fille !

M. DE FONVIÈLE.

Oui..., une voleuse; point de miséricorde pour ces gens-là.

CLARA.

Peut-être ai-je mal vu.

Mme DE FONVIÈLE.

Comment, Clara, vous accuseriez légèrement d'une faute grave une ancienne domestique, qui a la confiance de ses maîtres ; et vous risqueriez de la lui faire perdre sans preuve ? Cette conduite serait affreuse !

M. DE FONVIÈLE.

Non, non, je suis sûr que le cœur de Clara est incapable d'une pareille injustice, qui serait bien plus coupable que de prendre un potage ; aussi je la charge de surveiller Thérèse, et de tirer au net l'histoire du pot au feu.

CLARA.

Papa, j'y cours.

(*Elle sort.*)

SCÈNE III.

Mme DE FONVIÈLE, M. DE FONVIÈLE.

Mme DE FONVIÈLE.

Y pensez-vous, mon ami, d'avoir donné une pareille commission à Clara? C'est encourager son défaut.

M. DE FONVIÈLE.

J'ai pris le seul moyen de me convaincre si réellement Clara n'est coupable que d'étourderie, ou si la méchanceté dicte ses rapports. Notre voisine Babet est bien malade; j'ai dit à sa petite fille de venir à midi chercher du bouillon pour sa mère; et comme j'en ai prévenu Thérèse, je ne doute pas que ce ne soit ce bouillon qu'elle a mis en réserve; mais il m'importe beaucoup de savoir si Clara nous rendra ses observations avec fidélité.

SCÈNE IV.

M. DE FONVIÈLE, Mme DE FONVIÈLE, ALPHONSE, *ayant son habit retourné.*

M. DE FONVIÈLE.

Quoi! Alphonse, vous avez donc encouru la plus grande punition du collége?

ALPHONSE, *avec colère.*

Oui, papa, mais c'est bien injustement, je vous assure. Je ne sais qui a pu dire à M. le maître que j'avais fait hier l'école buissonnière? Et vous savez bien, papa, que si je suis arrivé un peu tard au collége, c'était pour remplir la commission dont vous m'aviez chargé. Je l'ai dit à M. le maître; il n'a pas voulu me croire, a prétendu être bien informé, m'a accusé de mensonge; et comme je me suis un peu emporté, il m'a condamné à porter trois jours mon habit retourné. J'ai obéi; mais je ne veux plus aller au collége, puisqu'on y fait de pareilles injustices.

M. DE FONVIÈLE.

Vous ne voulez plus est bientôt dit, et surtout bien mal raisonné; car, vous aimez donc mieux vous laisser croire un menteur que de prendre les moyens de vous justifier?

ALPHONSE.

Pourquoi n'a-t-on pas voulu me croire?

M. DE FONVIÈLE.

A votre âge, la véracité est quelquefois douteuse.

ALPHONSE.

Vous savez bien, papa, que je ne mens jamais.

M. DE FONVIÈLE.

Je crois en avoir la certitude; mais M. le maître

n'en est peut-être pas si convaincu. J'arrangerai cette affaire-là ; allez faire vos devoirs dans votre chambre. (*Alphonse sort.*)

SCÈNE V.
M. DE FONVIÈLE, Mme DE FONVIÈLE.

M. DE FONVIÈLE.

Je parie qu'il y a encore là-dedans un peu de *Clara*.

Mme DE FONVIÈLE.

Vous croyez, mon ami ?

M. DE FONVIÈLE.

Je le crois ; et pour m'en assurer, je vais trouver M. le maître.

Mme DE FONVIÈLE.

Puissions-nous corriger cette enfant d'un défaut qui la ferait détester de tous ceux qui seraient ses victimes ! (*M. de Fonvièle sort.*)

SCÈNE VI.
Mme DE FONVIÈLE, *seule*.

Pourquoi faut-il qu'avec les qualités les plus aimables, on soit quelquefois entaché des vices les plus odieux! Clara en est la preuve : elle a un bon cœur, de la sensibilité, de la douceur; et, si on la laissait se livrer à son malheureux penchant, elle deviendrait ou pourrait paraître très-méchante.

SCÈNE VII.

Mme DE FONVIÈLE, ALPHONSE.

ALPHONSE.

Maman, j'ai fait ma version, sans une seule faute ; et la division que papa m'avait posée est faite sans faute aussi.

Mme DE FONVIÈLE.

Tant mieux, mon ami ; pour te récompenser, je révoque la punition de M. le maître, et te permets de mettre ton habit comme à l'ordinaire.

ALPHONSE.

Tout en vous remerciant, chère maman, je ne profiterai pas de cette permission ; on croirait que c'est une grâce que j'ai reçue, tandis que c'est une justice que je veux obtenir.

Mme DE FONVIÈLE ; *souriant.*

Monsieur Alphonse veut faire preuve de caractère !

ALPHONSE.

Mais convenez, maman, que c'est bien dur d'être puni, lorsqu'on ne le mérite pas.

Mme DE FONVIÈLE.

Il me semble que c'est encore moins pénible, que si on l'avait mérité.

SCÈNE VIII.

Mme DE FONVIÈLE, ALPHONSE, CLARA.

CLARA,

J'ai eu beau faire, maman, je me suis cachée, j'ai écouté, je n'ai pu voir ce qu'était devenue Thérèse. (*A Alphonse.*) Oh mon Dieu, comme te voilà déguisé ! Est-ce que nous sommes en carnaval ?

ALPHONSE.

Si j'ai l'air d'un mardi-gras, je n'en ai pas la gaîté; car je suis bien triste et bien colère, je t'assure.

CLARA.

Pourquoi donc ?

ALPHONSE.

Parce qu'on a été dire à M. le maître que j'avais fait hier l'école buissonnière, tandis que cela n'était pas vrai, et qu'il m'a puni fort injustement.

CLARA.

Est-ce que tu ne t'amusais pas dans la rue du Retard, à l'heure de la classe ?

ALPHONSE.

Mon Dieu non, Mademoiselle ! j'allais faire une commission pour papa, et l'on m'a fait attendre bien long-temps la réponse.

CLARA.

Je l'ai bien cru.

ALPHONSE.

Comment! qu'est-ce que tu as cru? Est-ce que ce serait toi, par hasard, qui aurais fait le conte à M. le maître?

CLARA, *en baissant les yeux.*

Oui, mon frère.

ALPHONSE.

J'aurais dû m'en douter; car, avec ta langue de vipère, tu ferais battre quatre montagnes.

CLARA, *se jetant à son cou.*

Cher Alphonse, je te demande mille fois pardon; je t'en conjure, oublie ma faute.

ALPHONSE, *l'embrassant.*

J'ai meilleur cœur que toi, car je ne peux voir personne avoir de la peine sans en ressentir moi-même; ainsi, je te pardonne. Mais pourquoi parlais-tu tout à l'heure de Thérèse?

CLARA, *avec embarras.*

C'est que j'aurais voulu savoir où elle était, ce qu'elle faisait; et je n'ai pu en venir à bout.

ALPHONSE.

Oh bien! moi, je ne me suis pas donné tant de peine, et j'ai été plus heureux; car je l'ai vue monter chez Babet, et donner à sa petite fille un pot de bouillon.

CLARA, *honteuse.*

En es-tu bien sûr?

ALPHONSE.

Comment, si j'en suis sûr? Elle ne se cachait pas; et je ne l'espionnais pas; je l'ai entendue recommander à la petite fille d'avoir bien soin de sa mère qui est malade, et de lui donner le bouillon en deux fois.

Mme DE FONVIÈLE.

Vous voyez, Clara, le résultat de vos conjectures.

CLARA.

Que je suis honteuse! car j'ai été bien injuste.

SCÈNE IX.

THÉRÈSE, LES PRÉCÉDENS.

THÉRÈSE.

Madame, je viens vous demander mon compte.

Mme DE FONVIÈLE.

Et pourquoi donc, ma chère Thérèse?

THÉRÈSE.

Ah! madame, il m'en coûtera sans doute beaucoup de me séparer d'une aussi bonne maîtresse que vous; mais, voyez-vous, je suis sensible, et depuis que je m'aperçois que je n'ai plus votre confiance, je me trouve malheureuse.

Mme DE FONVIÈLE.

Et qui est-ce qui a pu vous faire croire que vous aviez perdu ma confiance, bonne Thérèse?

THÉRÈSE.

Bien des remarques, Madame, qui n'échappent pas, lorsque depuis quinze ans on est habitué à servir de bons maîtres. D'abord vous ne vous en rapportez plus à moi, pour tout ce qui doit encore vous servir ; et puis, mademoiselle Clara est sans cesse à m'épier, et c'est sans doute par vos ordres. Croit-elle que je ne l'ai pas bien vue, il y a deux heures, lorsqu'elle a entr'ouvert tout doucement la porte de la cuisine et qu'elle regardait avec attention, pendant que je préparais le bouillon de Babet ?

CLARA, *honteuse*.

C'est vrai, Thérèse ; mais c'est que je croyais...

THÉRÈSE.

Est-ce qu'à votre âge on doit croire quelque chose de contraire à la fidélité éprouvée d'une ancienne domestique ? Allez, Mademoiselle, si vous continuez, vous ne serez jamais qu'une petite peste bien dangereuse !

CLARA, *pleurant*.

Oh! c'est vrai, bonne Thérèse ; mais je vous demande pardon. Ne vous en allez pas, je vous en conjure! et je ferai tous mes efforts pour me corriger.

THÉRÈSE.

A la bonne heure! mais ne m'espionnez plus,

car vous n'y trouveriez pas votre compte, je vous en avertis.

SCÈNE X.

M. DE FONVIÈLE, LES PRÉCÉDENS.

M. DE FONVIÈLE, *bas à sa femme.*

Je ne m'étais pas trompé dans mes conjectures. (*Haut.*) Je viens de voir M. le maître, et vous ai justifié auprès de lui, Alphonse; mais il m'est pénible de dire que cette justification a mis le caractère de Clara sous un jour bien défavorable.

ALPHONSE.

Ne faites pas de reproches à ma sœur, cher papa, car elle s'est déjà accusée avec tout plein de franchise et de repentir.

M. DE FONVIÈLE.

Cet aveu me soulage, car il m'était affreux de penser qu'un de mes enfans pouvait trouver du plaisir à semer la division partout, et à nuire constamment aux autres.

CLARA.

Oui, papa, je sens combien ma conduite est répréhensible ; et je vous promets de m'observer si bien que vous n'aurez jamais de semblables reproches à me faire.

Mme DE FONVIÈLE.

Je l'espère, mon enfant : rappelez-vous sans

cesse que les rapports sont presque toujours injustes, et sont toujours une lâcheté; car surprendre les actions des autres par ruse, tient toujours à la défiance ou à la perfidie, et une ame noble et généreuse ne doit jamais donner accès à ces défauts.

M. DE FONVIÈLE.

Et Thérèse, a-t-elle pris le premier bouillon de la marmite ?

THÉRÈSE.

Oui, Monsieur, pour le porter à Babet, comme vous me l'aviez ordonné.

M. DE FONVIÈLE.

J'espère qu'une autre fois Clara n'exercera plus ses yeux et ses oreilles d'une manière si méprisable.

ALPHONSE.

A présent je puis donc, papa, remettre mon habit comme à l'ordinaire?

M. DE FONVIÈLE.

Oui, mon ami; tu en as le droit, puisque tu es justifié.

LES PETITS INDÉPENDANS.

M. DORIMON.
PAUL, fils de M. Dorimon.
ADRIEN, fils de M. Dorimon.
ALEXIS, ami des petits Dorimon.
JULES, voisin des petits Dorimon.
CÉCILIA, fille de M. Dorimon.
PIERRE, petit commissionnaire.
FÉLIX, cousin des petits Dorimon.

La scène se passe dans la chambre de Paul, dont la fenêtre donne sur la rue.

SCÈNE I.

PAUL, *seul.*

Quel bonheur d'avoir obtenu de papa la permission que je désirais si fort! nous serons seuls, absolument seuls, pour passer la soirée. C'est bien joli d'être ses maîtres, de n'avoir personne qui vous dise : Vous faites trop de bruit ; soyez donc plus raisonnables... Il semble alors qu'on n'a de plaisir à rien ; au lieu qu'aujourd'hui je ferai du tapage : ah! je m'en donnerai. Et puis je suis le plus grand, le plus fort ; il faudra bien que les autres passent par ma volonté pour décider des jeux. Oh que c'est agréable de pouvoir faire sa volonté et de la faire faire aux autres ! (*Il arrange des chaises autour d'une table placée au milieu de la chambre.*) Nous serons cinq. Nous serions bien six, mais je ne veux point de petite fille; Cécilia nous ennuierait; il faudrait avoir des soins, des complaisances pour cette morveuse... Non, non, point de petite fille.

SCÈNE II.

PAUL, ADRIEN.

ADRIEN.

As-tu préparé tout pour passer joyeusement notre soirée, Paul?

PAUL.

De quoi te mêles-tu ! est-ce que je ne sais pas ce que j'ai à faire ?

ADRIEN.

Te voilà déjà avec tes airs de maître ! de quel droit veux-tu toujours commander?

PAUL.

De quel droit, mon petit ami? prends garde que mon poignet ne te signe la réponse.

ADRIEN.

Que tu es donc méchant, querelleur! tu as un bien mauvais caractère,

PAUL, *le menaçant.*

Ah! j'ai un mauvais caractère.

(Adrien se sauve autour de la table; Paul le poursuit.)

SCÈNE III.
FÉLIX, LES PRÉCÉDENS.

FÉLIX.

Eh bien! déjà à vous disputer? ce début nous promet une soirée bien gaie.

PAUL.

Mais aussi Monsieur vient toujours me taquiner, et je ne suis pas endurant; mais je lui pardonne. Sais-tu si nos camarades vont bientôt venir?

FÉLIX.

Oui; j'ai vu Alexis qui prenait la lanterne magique, qu'il doit nous apporter.

PAUL.

La lanterne magique?

ADRIEN.

Oh, que je suis content! comme nous allons nous amuser!

PAUL.

Si c'est sur la lanterne magique que tu comptes pour t'amuser, tu comptes sans ton hôte, car je n'en veux point.

FÉLIX.

Et pourquoi?

PAUL.

Parce que ce ne sont que des bêtises, et qu'il vaut bien mieux jouer au cheval-fondu.

FÉLIX.

Oui, pour nous faire du mal.

PAUL.

Le poltron!

ADRIEN.

Poltron tant que tu voudras, mais Félix a raison.

PAUL.

Papa a dit que nous nous amuserions à ce qui nous ferait plaisir, et moi je veux le cheval-fondu.

FÉLIX.

Toi n'est pas *nous*, et mon oncle a dit *nous*.

SCÈNE IV.

FÉLIX, LES PRÉCÉDENS.

ALEXIS.

Quel tapage faites-vous donc? on vous entend crier depuis la rue. Je vous ai apporté ma lanterne magique; il y a six verres de plus, que maman m'a donnés hier. Oh! comme nous allons nous amuser!

PAUL,

Tu pouvais la garder, ta lanterne magique! Je ne veux pas qu'on s'en serve.

FÉLIX,

Tu ne veux pas...; mais nous, *nous* voulons.

ALEXIS.

Mon Dieu, si c'est ma lanterne magique qui met la discorde parmi vous, il est bien aisé de rétablir la paix : je n'ai qu'à m'en retourner à la maison.

FÉLIX, *le retenant par son habit.*

Non, certes, tu ne t'en iras pas! mon oncle nous a permis de nous amuser comme nous le voudrions; nous sommes seuls, libres, indépendans; personne ne doit nous surveiller. Oh, quel bonheur!

ALEXIS.

Oui, cela sera bien joli! mais je ne veux pas fâcher Paul; et, pour savoir ce que nous choisirons quand nous serons tous réunis, on prendra les voix sur le choix du jeu.

ADRIEN.

Bien dit.

PAUL,

Oui, bien dit : j'y consens.

FÉLIX,

Il faut convenir que tu as un drôle de caractère.

PAUL.

Drôle tant que tu voudras; cela sera comme je voudrai.

SCÈNE V.

JULES, LES PRÉCÉDENS.

JULES.

Est-il bien vrai que nous allons passer une soirée tout seuls, sans être surveillés par personne?

FÉLIX.

Oui, on nous l'a promis.

JULES.

Cela me fait bien plaisir; car, quand il y a là quelqu'un qui vous observe, il semble qu'on n'ose pas s'amuser, et cependant sans avoir intention de faire du mal.

PAUL.

C'est que c'est une belle chose que l'indépendance!

JULES.

Ah! on appelle donc cela l'indépendance?

PAUL.

Sans doute.

JULES.

Et bien, je suis très-content d'être indépendant une soirée.

SCÈNE V.

FÉLIX.

A présent que nous voilà tous réunis, il faut nous décider sur ce que nous allons faire.

ADRIEN.

Mais nous amuser, j'espère.

FÉLIX.

Sans doute ; mais à quoi ?

PAUL.

Au cheval-fondu.

JULES.

Oh, que non ! papa me l'a bien défendu : il dit qu'on peut se blesser à ce jeu.

ALEXIS.

J'avais apporté ma lanterne magique; mais Paul ne veut pas.

JULES.

Est-ce que Paul est le maître, donc ?

ADRIEN ET FÉLIX, *ensemble*.

Non, non, il ne l'est pas.

JULES.

C'est très-joli la lanterne magique, surtout lorsqu'on sait bien la montrer.

FÉLIX.

C'est ce que je disais à Paul.

JULES, *à Paul*.

Pourquoi ne voulais-tu pas?

PAUL, *avec humeur*.

Parce que c'est trop bête.

JULES.

Ne dirait-on pas que tu es de l'Institut? comme tu fais le dédaigneux!

FÉLIX.

S'il ne veut pas, nous nous passerons bien de lui; et puisque nous sommes d'accord, Alexis, apprête-nous ta lanterne magique.

SCÈNE VI.

CÉCILIA, *frappant à la porte* LES PRÉCÉDENS.

CÉCILIA.

Je voudrais bien voir la lanterne magique.

PAUL.

Il ne nous manquait plus que cela! Va-t-en.

FÉLIX.

Pourquoi ne pas ouvrir à cette pauvre petite?

CÉCILIA.

Ouvrez-moi, s'il vous plaît, je serai bien sage; je voudrais bien voir la lanterne magique.

SCÈNE VII.

PAUL.

Tu ne la verras pas.

ADRIEN, *s'élançant pour ouvrir la porte.*

Si, ma petite sœur, tu la verras.

(Paul, courant aussi à la porte, la referme au moment où Cécilia avait déjà passé la main. Elle jette de grands cris.)

JULES.

Qu'il est brutal !

PAUL.

Attends, attends.

(Il veut se jeter sur Jules, qui lui donne un croc-en-jambe et le fait tomber. Pendant ce temps, Félix ouvre la porte et emmène Cécilia pour panser sa main.)

SCÈNE VII.

PAUL, JULES, ADRIEN, FÉLIX.

JULES, *tenant sous son pied Paul.*

Demande grâce.

PAUL.

Lâche-moi donc, tu m'étouffes !

JULES.

Demande grâce.

PAUL.

Eh bien, oui, je demande grâce.

(Au moment où Jules le laisse relever, il saisit une écritoire et la lui jette ; Jules esquive le coup, et l'écritoire va briser une glace.)

JULES.

Oh, le traître ! Tu as fait un beau coup, ma foi !

PAUL, *consterné.*

Que dira mon papa ?

ALEXIS.

Voilà une jolie soirée que tu nous as fait passer.

PAUL.

Aussi, pourquoi....

JULES.

Sans doute, c'est nous qui avons écrasé la main de ta sœur, brisé la glace, n'est-ce pas ?

PAUL.

Si ce n'est pas vous qui l'avez fait, vous en êtes toujours la cause.

ALEXIS.

Vas-tu recommencer la dispute ?

ADRIEN.

Laissons-le tout seul, et jouons ensemble, nous qui sommes de bon accord.

PAUL.

Je vous en empêcherai bien.

JULES.

C'est un enragé !

SCÈNE VIII.

PAUL.

Enragé toi-même.

(Il prend un pot à l'eau, qu'il veut répandre sur Jules; mais, comme ils sont près de la fenêtre, le pot échappe à Paul et tombe dans la rue, où l'on entend crier.)

ALEXIS.

Mon Dieu! je crois qu'il vient de tuer quelqu'un!

PAUL, *effrayé.*

Ah! malheureux! qu'ai-je fait?

SCÈNE VIII.

FÉLIX, LES PRÉCÉDENS.

FÉLIX.

Mon Dieu, mon Dieu! que va dire mon oncle à son retour? Il vient de tomber sur la tête de Pierre, le petit commissionnaire, un pot qui lui a fait une profonde blessure; le peuple s'est ameuté autour de lui: on est allé chercher le commissaire, et tout le monde s'accorde à dire que le pot a été jeté par cette croisée.

JULES.

C'est vrai aussi.

FÉLIX.

Il va peut-être y avoir une information! on nous mettra en prison; et puis...

ALEXIS.

Grand Dieu ! qu'allons-nous devenir ?

(Ils se rangent autour de la table, et gardent le silence avec un air consterné.)

PAUL.

Ne craignez rien pour vous, Messieurs, c'est moi qui suis le coupable ; je le dirai au commissaire, et, s'il y a quelqu'un de puni, ce sera moi.

JULES.

Pauvre Paul ! j'en suis bien un peu la cause, car enfin j'aurais dû céder ; mais tu m'avais mis si en colère...

PAUL.

Moi seul j'ai tort, je le sens bien ; ainsi ne t'accuse pas, car je dirai tout ce qui en est,

JULES.

C'était bien la peine d'être indépendant !

FÉLIX.

Que n'avons-nous eu quelqu'un pour nous surveiller, nous n'aurions pas fait toutes ces sottises !

ALEXIS.

Ah ! je ne désire plus passer une pareille soirée. Mais, Félix, si tu allais t'informer de ce qui se passe auprès de Pierre? car je n'ose pas regarder par la fenêtre.

FÉLIX.

J'y cours (*Il sort.*)

SCÈNE IX.

LES PRÉCÉDENS, *excepté* **FÉLIX.**

ADRIEN.

Je crois, Paul, que tu ferais bien d'aller te cacher dans le cabinet de charmille; lorsque papa reviendra, nous t'excuserons le mieux que nous pourrons.

PAUL.

Non, non, je ne fuirai pas; il n'y a point d'excuse à me donner, puisque j'ai été fantasque, bourru, brutal; je sens dans ce moment tous mes torts, j'en supporterai les conséquences.

JULES.

Que ne pensais-tu comme cela il y a une heure!

SCÈNE X.

M. DORIMON, LES PRÉCÉDENS.

M. DORIMON.

Eh bien, Messieurs, il se passe de belle choses en mon absence! Un meurtre! un tapage infernal! un enfant presque estropié! le scandale dans tous le quartier! (*Il regarde la glace brisée.*) Je ne mettrai pas sur la même ligne la perte d'un meuble qui ne coûte que de l'argent. Mais qui a donc pu vous inspirer une telle frénésie?

PAUL.

Mon papa, ne faites aucun reproche à ces Messieurs, car c'est moi qui suis le seul coupable.

M. DORIMON.

Vous, Paul? est-ce ainsi que vous avez justifié la confiance que je vous avais témoignée en vous livrant à vous-même?

PAUL.

Mon papa, vous ne pouvez rien me dire que je ne me sois déjà dit.

M. DORIMON.

Mais quel est le démon qui vous a inspiré?

PAUL.

Je croyais avoir le droit de faire faire toutes mes volontés à ces Messieurs, et je n'ai pas voulu faire les leurs : il me semblait que c'était bien beau d'être toujours maître.

M. DORIMON.

Fausse idée, qui égare tant de jeunes têtes! On veut *commander*, et jamais *obéir*.

SCÈNE XI.

FÉLIX, *tenant par la main Pierre, qui a la tête entortillée,* LES PRÉCÉDENS.

FÉLIX.

Mes amis, je vous amène le pauvre Pierre, pour que nous fassions entre nous une collecte en sa faveur. Il a été grièvement blessé; mais il est si bon, qu'il ne veut pas nous chagriner, et il dit à tout le monde que sa blessure ne sera rien.

M. DORIMON.

Avec qui demeures-tu, bon Pierre?

PIERRE.

Avec le maître, Monsieur; il m'y donne deux sous par jour pour m'y nourrir, et y paie mon coucher : moi je l'y donne tout ce que j'y gagne.

JULES.

Tiens, Pierre, voilà trente sous; garde-les pour toi, et ne les donne pas à ton maître. (*Tous les enfans lui en donnent autant.*)

PIERRE.

Nani, nani dà, que je n'y garderai pas tout cet argent! mon maître y saura mieu l'y cacher que moi, qui ne suis qu'un pauvre enfant; il l'y donnera à mon père et à ma mère, et moi j'y serai bien content. Grand merci, Messieurs.

M. DORIMON.

Conserve bien ces principes, bon Pierre; les enfans qui veulent se conduire seuls, tandis qu'ils ont toujours besoin de l'expérience des autres, peuvent se comparer aux aveugles qui voudraient marcher sans bâtons : tout devient pour eux un sujet de chute.

J'avais voulu vous donner, mes enfans, un échantillon des dangers que court l'inexpérience; la leçon a été beaucoup plus forte que je ne l'aurais désiré, mais au moins j'espère qu'elle ne sera pas perdue pour vous, et que vous sentirez la nécessité de vous soumettre aux guides qui ne vous dirigent que pour votre propre intérêt.

TOUS LES ENFANS.

Oh oui, Monsieur, nous ne voulons plus être indépendans.

SCÈNE XII.

CÉCILIA, LES PRÉCÉDENS.

CÉCILIA.

Papa, à présent que tu es revenu, on me laissera voir la lanterne magique, j'espère ?

SCÈNE XII.

M. DORIMON.

Oui, chère petite ; mais cela exige des préparatifs, pour lesquels il nous faut passer dans ma chambre.

LE PETIT AUTEUR.

M. DE CORBIGNI.
Mme DE CORBIGNI.
CLÉMENT, leur fils.
ISIDORE, leur fils.
PAULINE, leur fille.

La scène se passe dans un jardin, où il y a des bancs de placés.

SCÈNE I.

CLÉMENT, *assis sur un banc, une plume à la main et des tablettes.*

CLÉMENT.

Que c'est donc difficile, quand on veut faire des vers ! mais aussi, on avait bien besoin d'exiger des rimes ? c'est cette chienne de rime qui m'embarrasse. Cependant Racine et Voltaire les trouvaient bien ; je peux bien aussi les trouver, j'espère !

SCÈNE II.

CLÉMENT, ISIDORE, *étant venu doucement derrière le banc voir ce que son frère faisait.*

ISIDORE.

Tu es modeste, en vérité ! Monsieur ne se compare qu'à Racine et à Voltaire.

CLÉMENT.

Pourquoi ne les égalerais-je pas un jour? je sais déjà les admirer.

ISIDORE.

Je crois que ce n'est pas tout-à-fait la même chose : j'admire bien le tableau qui est sur le maître-autel de notre paroisse, et sûrement je n'en ferai jamais autant.

CLÉMENT.

Si tu en avais bien envie tu y parviendrais.

ISIDORE.

Je n'en crois rien.

CLÉMENT.

Mais tu me fais perdre toutes mes idées, avec ton babil; laisse-moi donc composer.

ISIDORE.

Qu'est-ce que tu composes?

CLÉMENT.

Quelque chose pour papa et maman.

ISIDORE.

Et cela te donne beaucoup de peine?

CLÉMENT.

Sans doute.

ISIDORE.

Oh bien! je suis plus habile que toi, car je n'ai

pas besoin de chercher si loin tout ce que je veux leur dire.

CLÉMENT.

Je le crois bien ; aussi tu ne fais pas de vers, toi.

ISIDORE.

Et qu'est-ce que tu leur dis dans tes vers ?

CLÉMENT.

Combien je les aime, et que je voudrais reconnaître leurs bontés par mes progrès; etc., etc.

ISIDORE.

Eh bien, il ne se passe pas de jour que je ne leur en dise autant; et je ne me casse pas la tête comme toi.

CLÉMENT.

Que tu es encore enfant ! est-ce que tu fais des rimes, toi ?

ISIDORE.

Ma foi, non, à moins que ce ne soit une rime que de dire : Maman, je vous aime de tout mon cœur, et vous faites tout mon bonheur.

CLÉMENT.

Sans doute, c'est une rime; mais elle pourrait être plus soignée. Laisse-moi, Isidore, je t'en conjure! je me sens en verve. *(Isidore s'en va.)*

SCÈNE III.

CLÉMENT, *tout seul*.

Comme je serais fier, si je pouvais un jour concourir aux jeux floraux, remporter le prix à quelques académies ! Mais, avant que d'en venir là, il faut s'exercer sur bien des sujets. (*Il écrit.*) Je crois ce vers-là bon; mais c'est toujours la rime qui me manque.

SCÈNE IV.

PAULINE, CLÉMENT.

PAULINE.

Mon frère, mon frère, veux-tu me raccommoder ma raquette ?

CLÉMENT.

Comme c'est insupportable de ne pas avoir un moment de repos ! Voilà-t-il pas une fameuse transition de descendre à une raquette, lorsqu'on est dans le char de Phaéton ? (*A Pauline.*) Allons, donne ta raquette, et ne me dérange plus.

PAULINE.

C'est que je voudrais que tu la raccommodasses tout de suite, afin que je puisse faire une partie de volant avec Isidore.

CLÉMENT.

Quelle patience il faut avoir avec les enfans ! (*Il*

SCÈNE VI.

lui raccommode sa raquette et la lui rend. (Es-tu contente, à présent?

PAULINE.

Oui, mon bon petit frère, je te remercie.

CLÉMENT.

Eh bien, laisse-moi tranquille, et ne viens plus me déranger. (*Pauline s'en va.*)

SCÈNE V.

CLÉMENT, *seul*.

Allons, voilà-t-il pas maman et papa qui se promènent, et viennent de mon côté! Ils ne doivent pas voir l'ouvrage que je leur destine. Il est dit que je ne pourrai rien faire aujourd'hui. (*Il ramasse précipitamment ses tablettes.*) Je n'ai pas de meilleur parti à prendre que d'aller me cacher dans le bosquet de lilas; on ne viendra peut-être pas m'y troubler. (*Il s'éloigne.*)

SCÈNE VI.

MADAME DE CORBIGNI, M. DE CORBIGNI.

Mme DE CORBIGNI.

Je suis un peu fatiguée, mon ami; et, si vous voulez, nous nous reposerons sur ce banc où Clément avait l'air si occupé.

M. DE CORBIGNI.

Volontiers ; je suis sûr que mon fils pensait à quelques vers.

Mme DE CORBIGNI.

Je crois bien que sa jeunesse ne nous causera point d'inquiétude ; car il est si studieux, si raisonnable !...

M. DE CORBIGNI.

Dans ce cas, il sera mauvais poète, car, pour être un auteur aimable, il faut avoir l'imagination vive, ardente ; et, ma foi...

Mme DE CORBIGNI.

Ce sont des préjugés que vous avez là, mon ami ; moi, je crois qu'il faut plus de sensibilité que d'imagination.

M. DE CORBIGNI.

Toutes les dames penseront comme vous.

Mme DE CORBIGNI.

Songez que nous sommes la plus nombreuse partie du genre humain.

M. DE CORBIGNI.

Cela ne vous donne pas gain de cause.

Mme DE CORBIGNI.

Il me semble que je vois sous le banc un pa-

SCÈNE VI.

pier placé avec précaution. (*M. de Corbigni se baisse et le ramasse.*)

M. DE CORBIGNI.

Je pense que c'est quelque production de Clément, qu'il aura perdue.

Mme DE CORBIGNI.

C'est une romance.

M. DE CORBIGNI.

Ma foi, oui; il y a quelques vers passables, mais une foule de réminiscences; je veux jouer une espiéglerie à notre apprenti poète, et je cours copier la romance.

Mme DE CORBIGNI.

Pourquoi ne pas laisser jouir cet enfant du plaisir qu'il se promet en nous offrant cette romance?

M. DE CORBIGNI.

C'est une plaisanterie, ma bonne amie; il ne faut pas trop caresser l'amour propre des auteurs, qui sont toujours disposés à en avoir beauooup; et puis cela le forcera à chercher dans son propre fonds, ce qu'il veut créer : c'est toujours la paresse qui fait faire des plagiats, et quand on a la prétention d'écrire, il faut se donner la peine de composer. (*Il sort.*)

SCÈNE VII.

Mme DE CORBIGNI, *seule*.

Comme les hommes ont l'âme bien moins tendre que les mères! Je suis dans l'enchantement de tout ce que le pauvre Clément a voulu nous dire d'aimable, et mon mari ne s'occupe que des *réminiscences*! Bon Clément, que tu suives les inspirations de ton cœur ou que tu empruntes aux autres les expressions qui te manquent pour peindre ce que tu sens, tu seras toujours un excellent fils!

SCÈNE VIII.

PAULINE, Mme DE CORBIGNI.

PAULINE.

La jolie partie de volant que je viens de faire, chère maman! Trois cents coups de suite sans qu'il soit tombé; c'est beau, cela!

Mme DE CORBIGNI.

Superbe! et qui était ton partener?

PAULINE.

Isidore : et vous savez qu'il est bien étourdi; presque autant que moi.

Mme DE CORBIGNI.

C'est beaucoup dire.

PAULINE.

Jugez donc, maman, ce que ce serait, si j'avais joué avec Clément !

Mme DE CORBIGNI.

Vous auriez fait des choses étonnantes.

SCÈNE IX.

M. DE CORBIGNI, LES PRÉCÉDENS.

M. DE CORBIGNI, *remettant sous le banc le papier plié.*

Qui veut venir promener avec moi ?

PAULINE.

Moi, papa.

M. DE CORBIGNI.

Je te préviens que je veux aller très-loin, et que je serai sans pitié pour tes fantaisies ; tu auras beau me dire : Mon papa, je suis bien lasse ; j'ai bien mal aux jambes ! je n'écouterai rien, et je serai dur comme un rocher : vois si mes conditions te conviennent.

PAULINE.

Oui, papa ; oui, papa.

Mme DE CORBIGNI.

Je ne me sens pas tant de courage, et je reste.

M. DE CORBIGNI.

Adieu donc, ma bonne amie. (*Il s'en va avec Pauline.*)

SCÈNE X.

Mme DE CORBIGNI, CLÉMENT.

CLÉMENT, *regardant avec inquiétude autour du banc.*

(*A part.*) Quel bonheur! je retrouve mon cher papier. (*Il ramasse le papier.*)

Mme DE CORBIGNI.

Que cherches-tu donc, mon fils?

CLÉMENT.

Quelque chose qui m'est bien précieux, chère maman.

Mme DE CORBIGNI.

Ne puis-je le voir?

CLÉMENT,

Vous le verrez, mais quand il sera plus digne de vous.

Mme DE CORBIGNI.

Cela m'est donc destiné?

CLÉMENT.

Ne me faites pas dire mon secret, et laissez-moi tout le plaisir de vous l'apprendre volontairement. (*Il se sauve.*)

SCÈNE XI.

MADAME DE CORBIGNI, *seule*.

Si tu savais, bon Clément, que j'ai déjà lu ta romance! Mais il faut encourager cet enfant en lui laissant tout le plaisir de croire qu'il nous surprendra.

SCÈNE XII.

MADAME DE CORBIGNI, ISIDORE.

ISIDORE.

Je croyais trouver papa et Pauline ici; où sont-ils donc, maman?

Mme DE CORBIGNI.

A la promenade.

ISIDORE.

Sans moi!

Mme DE CORBIGNI.

Je te conseille de leur faire un procès.

ISIDORE.

Non, non, je les attraperai bien; je m'en vais chercher Clément, qui est toujours si complaisant; je suis sûr qu'il ne refusera pas de venir avec moi; et pourvu que je sache de quel côté est papa, nous saurons bien l'atteindre, car je cours plus vite que lui. Voulez-vous permettre, maman?

Mme DE CORBIGNI.

Non, laissez le pauvre Clément à ses plaisirs, qui ne sont certainement pas de courir et de faire le polisson ; vous en faites journellement votre souffre-douleur, parce qu'il est bon et se prête à toutes vos fantaisies ; mais pour vous dédommager du plaisir que je vous refuse, je veux bien jouer avec vous à *pigeon vole*.

ISIDORE.

Ah! bonne maman, cela vaudra bien la promenade.

SCÈNE XIII.

M. DE CORBIGNI, PAULINE, LES PRÉCÉDENS.

M. DE CORBIGNI, *boitant*.

J'ai été assez maladroit pour laisser entrer dans mon soulier une épine qui m'a vivement blessé, et cet accident a de beaucoup abrégé notre promenade.

PAULINE.

Je n'ai pas fait comme vous, papa ; quand vous disiez : Je serai sans pitié pour tes jambes... moi j'ai eu pitié des vôtres.

M. DE CORBIGNI, *riant*

Tais-toi, petit perroquet.

SCÈNE XIV.

CLÉMENT, LES PRÉCÉDENS.

CLÉMENT, *avec satisfaction.*

Que je suis heureux de trouver mon auditoire réuni !

ISIDORE.

Est-ce que tu vas nous prêcher, mon frère ? Tu dis tout comme M. le curé.

CLÉMENT, *un peu déconcerté.*

Non, je ne viens pas prêcher, mais je demande à mon papa et à maman la permission de leur parler le langage des dieux.

M. DE CORBIGNI.

Eh ! mon ami, nous courons grand risque de ne pas t'entendre, car enfin nous ne sommes que des hommes : n'importe, parle toujours.

CLÉMENT, *dépliant son papier, chante.*

HOMMAGE D'UN FILS A SA MÈRE.

Que tout ici partage mon ivresse,
Que tout ici réponde à mes accens ;
  C'est le triomphe de la tendresse :
Ma mère est l'objet de mes chants.

De la bonté c'est le plus beau modèle ;
   Le ciel se plut à la former ;
   Et l'indifférence, auprès d'elle,
   Retrouve une ame pour aimer.

   Dans le mystère et le silence,
Elle cache avec soin tout le bien qu'elle fait ;
   Et, sans la voix de la reconnaissance,
   Ce serait encor son secret.

Tout est soumis à son empire aimable ;
Dès qu'on la voit, l'aimer est un penchant ;
Dès qu'on l'entend, un charme inexprimable
D'un simple attrait fait un doux sentiment.

Mme DE CORBIGNI, *très-émue*.

Bon Clément, heureuse la mère qui t'inspire !

M. DE CORBIGNI.

Oui, cela est assez joli ; mais, dis-moi, mon fils, où as-tu pris toutes ces belles choses ?

CLÉMENT.

Dans mon cœur, papa.

M. DE CORBIGNI.

C'est singulier ! il me semblait pourtant.... apparemment que je me trompe.... cependant je veux m'en assurer. Isidore, va dans mon cabinet chercher un vieux livre couvert en parchemin et écrit à la main.   (*Isidore sort.*)

SCÈNE XV.

LES PRÉCÉDENS, *excepté* ISIDORE.

CLÉMENT.

Vous m'accusez de pillage, papa, mais je vous assure que ce que j'ai fait est bien d'inspiration.

M. DE CORBIGNI.

C'est très-possible; et puis les beaux esprits se rencontrent quelquefois.

PAULINE.

M'apprendras-tu à dire, comme toi, de belles choses à maman, dis, mon frère ?

CLÉMENT.

Cela ne s'apprend pas, chère petite, ça vient tout seul.

SCÈNE XVI.

ISIDORE, LES PRÉCÉDENS.

ISIDORE, *donnant un livre à son père.*

Est-ce celui-là, papa?

M. DE CORBIGNI, *feuilletant le livre.*

Oui, mon ami. Mais, parbleu, je ne m'étais pas trompé! voilà bien la même chose que tu viens de nous lire; il n'y a pas même de variantss.

CLÉMENT *regarde et reste stupéfait.*

Comment cela se fait-il? je n'ai jamais touché à ce livre. (*Il prend ses tablettes et écrit.*)

Si le hasard m'a rendu plagiaire,
Combien j'en veux à cet auteur!
Nous avons pu tous deux célébrer une mère;
Si j'avais son esprit, il n'avait pas mon cœur.

Mme DE CORBIGNI, *à son mari.*

Pour celui-là, vous n'avez pas eu le temps de l'inscrire.

M. DE CORBIGNI.

Je m'avoue vaincu, et te couronne, mon ami; c'était une malice que j'avais voulu te faire, mais tu t'en es tiré à merveille. Continue à t'exercer ainsi: lorsque l'esprit est occupé, on fait rarement des sottises.

CLÉMENT.

Ma tendresse pour vous, cher papa, ma reconnaissance pour vos bontés, seront toujours mon plus sûr préservatif.

Mme DE CORBIGNI.

Nous devrions bien terminer la journée en allant au spectacle; ce serait la récompense de notre jeune auteur.

CLÉMENT.

Aux Français! n'est-ce pas, maman?

SCÈNE XVI.

M. DE CORBIGNI.

Il se croit déjà un petit Racine! prends garde, mon ami, de donner trop à la présomption : avec le germe des talens, on fait quelquefois de jolies bluettes qui obtiennent dans la société beaucoup de succès; mais combien il y a loin de ces essais au véritable génie! On se laisse entraîner par la facilité, et on reste presque toujours dans le large cercle de la médiocrité; ce n'est qu'à force de travail et d'études qu'on parvient à en sortir.

LES PRÉTENTIONS.

LOUISE DURFORT, âgée de quinze ans.
DELPHINE, sa sœur, âgée de quatorze ans.
ERMANCE DE BELFONT, leur amie, âgée de quatorze ans.
HUBERT DE BELFONT, âgé de douze ans.
Mme DURFORT.
ÉLISE BONNEVAL, amie des demoiselles Durfort, âgée de quatorze ans.

La scène se passe dans un salon.

SCÈNE I.

MADAME DURFORT, LOUISE.

Mme DURFORT.

J'ai promis, à mon grand regret, d'aller à la soirée que nous donne Mme Dorval; mais je me repose sur toi, ma chère Louise, du soin qu'exige la maison. Tes amies ne doivent-elles pas venir ce soir auprès de toi?

LOUISE.

Oui, maman, Ermance et Élise m'ont fait dire qu'elles viendraient.

Mme DURFORT.

Tant mieux; je suis sûre alors que tu ne t'ennuieras pas.

LOUISE.

Il me serait bien difficile de m'ennuyer, car vous avez eu la bonté de me laisser des livres.

Mme DURFORT.

Lesquels as-tu choisis?

LOUISE.

L'*Entendement humain* de Locke, et l'Histoire des Schismes.

Mme DURFORT.

C'est bien sérieux et bien savant pour toi, et je doute que tout ton *entendement* comprenne quelque chose à la métaphysique de Locke.

LOUISE.

Oh! maman, la science est une si belle chose!

Mme DURFORT.

Sans doute, mais prends bien garde, mon enfant, que la vanité ne soit pour beaucoup dans ce grand amour de la science.

LOUISE.

Je vous assure, maman, que j'ai le plus vif désir de m'instruire.

Mme DURFORT.

Je veux bien le croire ; mais, pour apprendre avec fruit, il faut pouvoir comprendre ce qu'on apprend, et je pense qu'à quinze ans on ne peut guère pénétrer dans les profondeurs de la métaphysique. Enfin, si cela t'ennuie tu le laisseras, voilà tout.

SCÈNE II.

DELPHINE, LES PRÉCÉDENS.

DELPHINE.

Maman, Ermance et Élise viennent d'envoyer savoir si nous pouvions les recevoir à six heures ?

Mme DURFORT.

Sans doute, et puisqu'elles ont la complaisance de venir auprès de vous, il faut prolonger cette agréable soirée le plus qu'il vous sera possible.

DELPHINE.

Que vous êtes bonne, maman ! Je m'en vais leur faire rendre votre réponse. (*Elle sort.*)

SCÈNE III.

MADAME DURFORT, LOUISE.

Mme DURFORT.

Et moi je vais m'occuper de ma toilette ; tu t'occuperas, ma chère Louise, de tous les petits détails qui pourront contribuer à l'amusement de tes compagnes.

LOUISE.

Oui, maman, mais ces demoiselles sont très-raisonnables, et je pense qu'une lecture choisie sera l'amusement qui leur conviendra le mieux.

Mme DURFORT.

Je ne te conseille pas de leur proposer Locke.

LOUISE.

Je les laisserai maîtresses de choisir.

Mme DURFORT.

C'est un égard que tu dois à la politesse. Adieu, ma chère Louise; fais bien les honneurs de ta soirée. (*Elle l'embrasse et s'en va.*)

SCÈNE IV.

LOUISE, *seule*.

Je m'en vais apprêter quelque chose qui étonnera bien ces demoiselles. D'abord mes sphères: Ermance n'est pas forte sur l'astronomie; ensuite... si je savais bien disposer cette petite machine électrique.... je la monterai toujours. Et puis cette grammaire grecque; c'est que je ne sais pas encore lire le grec, ni ces demoiselles non plus; ainsi elles ne sauront pas si je dis bien ou mal, et je m'en tiendrai au *kyrie eleison*.

SCÈNE V.

LOUISE, DELPHINE.

DELPHINE.

Ma sœur, j'ai pensé qu'il nous fallait bien deux chandelles, et j'ai apporté les chandeliers.

LOUISE.

Tu as une manière commune de t'exprimer, ma sœur; n'est-il pas plus élégant de dire : les flambeaux et les lumières? Cela a infiniment plus de grâce.

DELPHINE.

Tu as toujours des recherches que je ne comprends pas; moi, j'appelle tout simplement les choses par leur nom.

LOUISE.

C'est très-commun. (*Elle apprête des sphères et une machine électrique.*)

SCÈNE VI.

ERMANCE, ÉLISE, HUBERT, LES PRÉCÉDENS.

ERMANCE.

Bonsoir, chère Louise; Hubert m'a tant tourmentée pour venir avec moi, que j'ai pensé que tu aurais la complaisance de le recevoir.

LOUISE.

Avec plaisir, pourvu qu'il se tienne tranquille.

HUBERT.

Oui, mademoiselle Louise, bien sûrement je ne vous interromprai pas.

ÉLISE.

Je me suis bien dépêchée de prendre ma leçon de danse, afin de venir avec Ermance.

LOUISE.

Tu prends des leçons de chorégraphie ?

ÉLISE.

Non, je te dis que je viens de prendre ma leçon de danse.

LOUISE, *souriant avec vanité*.

Eh bien, c'est la même chose, ma bonne amie : *chorégraphie* vient de ce que.... les anciens.... enfin, c'est la même chose que la danse, art auquel présidait la muse Therpsicore.

ÉLISE.

Je n'en savais pas tant, je t'assure.

LOUISE.

C'est que je lis beaucoup : voilà pourquoi je sais toutes ces choses.

SCÈNE VI.

ERMANCE.

Aussi, quand on parle de toi, on dit toujours: *la savante Louise Durfort.*

LOUISE, *avec une fausse modestie.*

On a plus de bonté que je n'en mérite; mais, mes amies, que puis-je vous proposer, qui vous fasse passer la soirée agréablement?

ÉLISE.

Que te proposais-tu de faire?

LOUISE.

Mais... je comptais étudier un peu dans ma grammaire grecque, et repasser ma sphère.

ERMANCE.

Je t'avoue que je ne puis encore rien comprendre au cours des astres.

LOUISE.

C'est cependant bien aisé, et surtout bien amusant. Aimez-vous mieux que nous fassions une lecture?

ÉLISE.

Oui, oui; as-tu quelques livres bien gais, bien intéressans?

LOUISE.

J'ai *Locke*, l'Histoire des Schismes, et d'autres bons ouvrages.

DELPHINE.

Oh, ma sœur, laisse-moi plutôt apporter à ces demoiselles l'histoire des *Incas* : c'est si intéressant !

LOUISE.

On dit que cela n'est pas vrai, et que ce n'est qu'un roman.

DELPHINE.

Ah ! si ma sœur, c'est vrai, j'en suis sûre, car cela m'a fait bien pleurer !

HUBERT, *montrant la machine électrique.*

Mademoiselle Louise, qu'est-ce que c'est que cela ?

LOUISE.

Cela s'appelle un électrophore, mon bon ami.

HUBERT.

Ce nom est bien difficile à dire ! et à quoi cela sert-il ?

LOUISE.

Quand on connaît la physique, on sait faire usage de toutes les machines. Oh ! que c'est amusant la physique !

ÉLISE.

Tu es bien heureuse de savoir tant de belles choses.

ERMANCE.

Moi, j'avoue que cela ne m'amuse pas beaucoup, parce que je ne les comprends pas encore. Cependant j'ai vu faire des expériences d'électricité : c'était bien drôle ; mais cela faisait bien mal.

LOUISE.

C'est que tu ne savais pas diriger la machine.

(Elle les place en rond ; et après avoir chargé l'électrophore avec la queue de renard, le petit cercle éprouve une commotion et jette un cri.)

ÉLISE.

Ce jeu-là est bien amusant, en vérité! j'ai cru que j'avais le bras cassé.

HUBERT.

Oh ! que j'aime bien mieux mon kaléidoscope, ou une partie de volant ; voulez-vous venir dans la salle à manger, mademoiselle Delphine, nous en ferons une ensemble ?

DELPHINE.

Si ma sœur le permet, je le veux bien.

LOUISE, *avec un air sentencieux.*

Allez, mes enfans.

(*Delphine et Hubert sortent.*)

SCÈNE VII.

LOUISE, ERMANCE, ÉLISE.

LOUISE.

A présent, nous pourrons nous livrer à des plaisirs plus raisonnables.

ERMANCE.

Surtout plus d'électrophore, je t'en prie.

LOUISE.

Non, puisque cela te fait peur.

ÉLISE.

Mais, c'est que cela fait très-mal.

LOUISE.

Voulez-vous que je vous fasse une expérience avec du phosphore?

ERMANCE.

Qu'est-ce que cela?

LOUISE.

Quelque chose qui fait voir clair quand il fait nuit.

ÉLISE.

Cela doit être bien drôle; fais-nous voir cela.

LOUISE *éteint les chandelles, met du phosphore au bout de son doigt et en trace des caractères.*

ERMANCE.

Oh! comme c'est brillant!

ÉLISE.

On dirait du feu.

SCÈNE VII.

LOUISE.

Veux-tu que je t'en mette sur la figure ? tu iras ensuite dans la salle à manger ; les enfans seront bien étonnés !

ÉLISE.

Cela ne fera point de mal ?

LOUISE.

Non certainement.

(Elle lui dessine sur la figure des lettres avec du phosphore, et lorsqu'elle approche des cheveux, le feu y prend.)

ÉLISE.

Tu me brûles, tu me brûles !

LOUISE et ERMANCE. *lui enveloppent la tête avec leurs mouchoirs, et le feu s'éteint.*

ÉLISE.

Me voilà belle, à présent que j'ai tout un côté des cheveux de brûlé ; la peste soit de tes belles inventions !

LOUISE.

Ma bonne amie, je suis désespérée ; mais je ne savais pas que cela brûlait.

ÉLISE.

Comment ! toi qui es si savante, tu ne savais pas que le feu brûle ?

LOUISE.

Combien j'ai de regrets!...

ÉLISE.

Tes regrets ne feront pas pousser mes cheveux plus vite. Que ne nous amusions-nous, comme on le fait à notre âge!

ERMANCE.

C'est un malheur, Élise; tu vois combien cela fait de peine à Louise; tu n'es pas généreuse de lui en faire des reproches.

ÉLISE.

Crois-tu qu'il soit agréable d'avoir la tête grillée?

SCÈNE VIII.

HUBERT, DELPHINE, LES PRÉCÉDENS.

DELPHINE.

Qu'avez-vous donc à crier? j'ai cru que le feu était à la maison.

ÉLISE.

Vraiment, il était à ma tête, cela ne vaut guère mieux.

HUBERT.

Comment cela est-il arrivé?

ERMANCE.

Nous avons employé quelque chose dont nous

ne connaissions pas le danger, et le feu a pris aux cheveux d'Élise.

DELPHINE.

Oh! que j'aime bien mieux mon volant.

HUBERT..

Nous avons fait de beaux coups sans nous faire de mal, n'est-ce pas mam'selle Delphine?

DELPHINE.

Assurément.

LOUISE.

Je vois bien qu'en croyant savoir beaucoup, je ne sais rien du tout, puisque je n'ai fait ce soir que des erreurs.

ÉLISE.

Crois-moi, Louise, terminons notre soirée par ces jolis petits jeux qui nous font tant rire: comme la sellette, le gage touché, etc., etc., et laisse là ton Locke, ton électrophore et ton phosphore. Au moins nous saurons toujours ce que nous dirons; et c'est déjà quelque chose que de pouvoir se comprendre.

LE POLTRON.

CYPRIEN, fils de M. Béranger.
GUSTAVE, fils de M. Béranger.
ADOLPHE, fils de M. Bourmont, ami des jeunes Bérangers.
CAMILLE, fille de M. Béranger, âgée de huit ans.
M. BÉRANGER.

La scène se passe dans un jardin.

SCÈNE I.

M. BÉRANGER, CYPRIEN.

M. BÉRANGER.

Voilà une soirée superbe, et il m'en coûte beaucoup de quitter ce jardin ; mais un travail pressé m'appelle à mon cabinet. Tu me remplaceras, Cyprien, près de ta sœur et ton frère, afin de maintenir le bon accord entre eux ; car souvent la pétulance de Gustave et l'insubordination de Camille font naître entre eux des querelles.

CYPRIEN.

Je ferai le papa, et il faudra bien qu'ils m'obéissent.

M. BÉRANGER.

N'attends-tu pas quelques camarades pour jouer avec toi?

CYPRIEN.

Je crois qu'Adolphe Bourmont doit obtenir de sa maman la permission de venir passer quelques heures avec moi.

M. BÉRANGER.

Tâche d'en faire un bon usage, en les employant à vous bien divertir.

CYPRIEN.

Je suivrai de mon mieux votre avis. (*M. Béranger sort.*)

SCÈNE II.

CYPRIEN, *seul.*

C'est gentil d'avoir la confiance d'un père! Voilà tout à l'heure que je la mettrai en usage; je prendrai ma grosse voix pour dire à Gustave : Eh bien, Monsieur! ne pouvez-vous vous tenir tranquille? Cela donne un air respectable de pouvoir prendre ce ton-là. Et si Camille fait la mutine (ce qui lui arrive souvent) : Eh bien, Mademoiselle! voulez-vous être obéissante, ou je vous enverrai au cabinet noir? J'espère qu'ils me craindront.

SCÈNE III.

CYPRIEN, CAMILLE, GUSTAVE, *courant après Camille, qui se réfugie dans les jambes de Cyprien.*

GUSTAVE, *à Camille.*

Veux-tu me rendre mon joujou?

CAMILLE.

Non, tu ne l'auras pas; tu ne t'en amusais plus, pourquoi ne veux-tu pas que je m'en amuse?

GUSTAVE.

Parce qu'il m'appartient, et que j'en suis bien le maître, j'espère.

CAMILLE.

Oh bien! j'en suis plus la maîtresse que toi à présent, car je l'ai, et tu ne l'as plus.

CYPRIEN.

Finirez-vous, enfans? Allons, monsieur Gustave, laissez le joujou à votre sœur!

GUSTAVE.

Je ne veux pas. Où est papa? Il le lui fera bien rendre, lui.

CYPRIEN.

Papa travaille et ne veut pas qu'on l'interrompe; d'ailleurs, il m'a chargé de le remplacer.

GUSTAVE.

Toi? un beau morveux pour remplacer papa!

CYPRIEN.

Morveux toi-même!

(*Gustave veut ôter à Camille le joujou avec violence ; et pour l'éviter, la petite le jette dans un buisson de lilas.*)

CAMILLE.

Va le chercher à présent, ton joujou. (*Gustave reste en place.*)

CYPRIEN.

Eh bien! qui t'empêche d'aller chercher à présent ce que tu réclamais tout à l'heure avec tant d'emportement?

GUSTAVE.

J'ai peur.

CYPRIEN.

Peur! et de quoi?

GUSTAVE.

J'ai vu, dans ce buisson, des gros crapauds, et je crois qu'il y a des serpens.

CYPRIEN.

Oh! ces petites bêtes ne te mangeront pas.

CAMILLE, *lui faisant les cornes.*

Fi! qu'il est poltron; moi qui ne suis qu'une petite fille, j'irais bien.

GUSTAVE.

Vas-y si tu veux; pour moi je n'irai pas.

SCÈNE IV.

ADOLPHE, LES PRÉCÉDENS.

CYPRIEN.

Tu viens tout à propos, Adolphe, pour être témoin du courage de Gustave, qui n'ose pas aller dans ce buisson là-bas ramasser quelque chose que Camille y a jeté.

ADOLPHE, *se moquant de Gustave.*

Est-il bien possible que tu sois si poltron?

GUSTAVE.

Ne vous moquez pas tant, je vais y aller.
(*Il s'éloigne.*)

SCÈNE V.

CYPRIEN, CAMILLE, ADOLPHE.

ADOLPHE.

Je vais bien attraper ton poltron; je me cacherai et lui ferai peur; car, le vois-tu? il n'ose pas approcher.

CYPRIEN.

Si la frayeur lui fait mal! papa dit que c'est dangereux de faire peur.

ADOLPHE.

Non, non, cela le corrigera; n'est-il pas affreux qu'un grand garçon de son âge soit si poltron? Laisse-moi faire.

(Adolphe s'enfonce dans le jardin, en prenant une allée qui l'éloigne de Gustave.)

SCÈNE VI.

CYPRIEN, CAMILLE,

Comme nous allons rire à ses dépens!

CYPRIEN.

Tu n'as donc pas un bon cœur, Camille, que tu te réjouis du chagrin qu'on doit faire à Gustave?

CAMILLE.

Pourquoi est-ce qu'il aime mieux ne rien faire de ses joujoux que de me les laisser pour m'amuser?

CYPRIEN.

J'ai peur que papa ne gronde, et qu'il ne soit mécontent de cette malice.

SCÈNE VII.

GUSTAVE, CYPRIEN, CAMILLE.

GUSTAVE, *effrayé*.

Je savais bien qu'il y avait du danger à aller la nuit vers les buissons.

SCÈNE VII.

CYPRIEN.

Pourquoi ?

GUSTAVE.

Tout là-bas, là-bas, derrière une allée de charmille, j'ai vu une grosse bête plus haute que la maison; elle se promène lentement : d'abord je me suis hasardé à la regarder, mais quand je l'ai entendue gémir, je me suis sauvé... Voyez comme je suis tremblant !

CYPRIEN.

C'est que tu es un poltron.

GUSTAVE.

Poltron tant que tu voudras; il est bien sûr que j'ai vu une grosse bête.

CYPRIEN.

Tu te regardais dans un miroir, mon pauvre Gustave.

GUSTAVE.

Voyez comme il est malhonnête.

CAMILLE.

Moi, je n'ai pas peur de la grosse bête, j'irai bien.

GUSTAVE.

Je parie que non.

LE POLTRON.

CAMILLE.

Veux-tu parier ton cheval où il y a un trompette dessus, contre mon moulin à vent?

GUSTAVE.

Parions; mais comment saurai-je si tu y es allée?

CAMILLE.

Tu n'as qu'à me regarder, j'espère.

GUSTAVE.

Tiens, ma sœur, tu ne sais pas ce que tu risques... Mais regarde, regarde donc; elle est aussi haute que les plus grands arbres.

CAMILLE.

Je ne vois rien.

CYPRIEN.

Ni moi non plus.

GUSTAVE.

Où est donc Adolphe?

CAMILLE.

Il est allé au devant de la grosse bête. (*On entend un gémissement.*)

GUSTAVE.

Entends-tu? oh Dieu! comme j'ai peur!

[SCÈNE VIII.

CYPRIEN

Je n'ai rien entendu.

GUSTAVE.

Cela n'est pas possible.

CYPRIEN.

Eh bien, viens voir, j'irai avec toi; je suis sûr que nous ne trouverons rien qui puisse t'effrayer.

GUSTAVE.

Non, non, j'ai trop peur.

SCÈNE VIII.

M. BÉRANGER, LES PRÉCÉDENS.

M. BÉRANGER.

Quel est donc l'objet de votre discussion ? elle me paraît bien animée ?

CAMILLE.

C'est Gustave qui n'ose pas aller jusqu'à la grande allée d'arbres ; il a peur, et dit qu'il a vu une grosse bête.

M. BÉRANGER.

Lorsqu'on est poltron, il n'y a qu'un moyen de se guérir de cette honteuse maladie, c'est d'aller droit à l'objet qui effraie ; on reconnaît bientôt que l'imagination faisait tous les frais de l'objet effrayant.

GUSTAVE.

Oui, papa; mais j'ai vu et entendu une bête beaucoup plus grosse que moi; si j'y vais, et qu'elle me fasse mal.....

M. BÉRANGER.

Si je t'accompagne, auras-tu peur?

GUSTAVE.

Non, papa.

M. BÉRANGER.

Eh bien, viens, mon ami, un peu de courage; tu n'en fais pas un grand usage, puisque je suis avec toi; tu finiras par rire de ce qui te fait trembler à présent.

GUSTAVE.

Eh bien! allons! papa, (*Il donne la main à son père, qui le conduit au fond du jardin.*)

SCÈNE XI.

CYPRIEN, CAMILLE.

CYPRIEN.

Adolphe a bien dû rire de la peur qu'il a faite au pauvre Gustave?

CAMILLE.

Oui, mais papa va finir son rôle.

SCÈNE X.

M. BÉRANGER, CYPRIEN, CAMILLE, GUSTAVE, ADOLPHE, *tenant une grande perche, avec son mouchoir au bout.*)

M. BÉRANGER.

Voici la grosse et grande bête que nous ramenons au bout d'un bâton.

CYPRIEN.

Nous savions bien la malice qu'Adolphe voulait faire à Gustave, mais nous ne l'avons pas averti, afin qu'il puisse voir lui-même que ce qui l'effrayait n'en valait pas la peine.

M. BÉRANGER, *à Gustave.*

J'espère qu'une autre fois tu consentiras bien à aller tout seul à la découverte?

GUSTAVE.

Au moins, je ferai mon possible pour en avoir le courage.

CAMILLE.

Monsieur le poltron, vous devriez me donner le cheval et le trompette.

GUSTAVE.

Tu n'as pas été dans l'allée.

CAMILLE.

Oui, mais j'y serais bien allée.

GUSTAVE.

Le beau mérite! puisque tu savais ce qui en était.

ADOLPHE.

Ne vous disputez pas, et égayons-nous plutôt en jouant à quelques jolis jeux bien amusans.

LA PETITE MOQUEUSE.

AGLAÉ MELLEVILLE, âgée de treize ans.
JULIE, sa sœur, âgée de douze ans.
BETZI DARNAY, Anglaise, âgée de dix ans, amie des demoiselles Melleville.
Mme MELLEVILLE.
Mme FONBELLE, amie de Mme Melleville.

La scène se passe dans un salon.

SCÈNE I.

MADAME MELLEVILLE, AGLAÉ.

Mme MELLEVILLE

Je ne puis vous dire à quel point vous m'affligez, Aglaé.

AGLAÉ.

Moi, maman ! qu'ai-je donc fait ?

Mme MELLEVILLE.

Ce que je vous reproche chaque jour, et dont vous ne tenez aucun compte : sans cesse vous êtes à tirer parti des ridicules des autres, ou à leur en créer lorsqu'ils n'en ont point ; encore hier, n'avez-vous pas fait pleurer la pauvre petite Betzi, qui est si bonne enfant ; et cela, en vous moquant d'elle, parce qu'elle écorche le français ? Mais, si vous étiez en Angleterre, croyez-vous qu'il ne vous en arriverait pas autant ?

AGLAÉ.

Eh bien, maman, moi je ne me fâcherais pas si on se moquait de moi.

Mme MELLEVILLE.

Je n'en crois rien ; vous avez trop de vanité pour ne pas être sensible à la raillerie. D'ailleurs quand on a le cœur bon, peut-on se faire un jeu de ce qui afflige les autres ?

AGLAÉ.

Mais, Maman, quand je vois quelque chose de drôle, je ne saurais m'empêcher de rire. Par exemple, Marthe était coiffée, hier, de manière à faire pouffer de rire, et quand sa maman l'appelait à chaque instant : Marthe ! Marthe ! ce nom paraissait si plaisant, prononcé par une voix glapissante, qu'il me semblait voir la sœur de Lazare, et, ah, ah, ah, ah ! (*riant*).

Mme MELLEVILLE.

Eh bien, qu'a donc ce nom de si étrange pour vous faire rire ainsi ? Vous voyez combien votre malignité est ingénieuse : car, assurément, madame d'Olbreuil est une personne très-respectable, et ne mérite pas d'exciter les ris moqueurs d'une petite évaporée comme vous.

AGLAÉ.

Évaporée! oh, chère maman, ce mot est bien dur!

Mme MELLEVILLE.

Il n'est que mérité, ma fille; je voudrais pouvoir vous convaincre que quand on se moque de tout le monde, on n'a droit aux égards de personne.

SCÈNE II.

JULIE, LES PRÉCÉDENS.

JULIE.

Maman, Mme Fonbelle envoie savoir si vous êtes à la maison, et si elle ne vous gênera pas, en venant passer quelques heures auprès de vous.

Mme MELLEVILLE.

Au contraire, elle me fera grand plaisir.

AGLAÉ, *à Julie*.

Comme te voilà fagottée? On dirait que tu as été dénicher tous les œufs d'oies de la basse-cour voisine.

JULIE.

Qu'est-ce que j'ai donc d'extraordinaire?

Mme MELLEVILLE.

Ne reconnaissez-vous pas l'humeur satirique de votre sœur? quelques plumes sont sur votre robe, le vent les y aura portées probablement; il n'en faut pas plus pour exciter ses moqueries. Allez faire rendre ma réponse à madame Fonbelle.

(Julie sort.)

SCÈNE III.

MADAME MELLEVILLE, AGLAÉ.

Mme MELLEVILLE.

J'espère que vous vous rappellerez mes avis, et que madame Fonbelle ne sera pas le sujet de votre critique?

AGLAÉ.

Elle serait très-bien madame Fonbelle, si elle n'avait pas les yeux si petits et le pied si long. Je suis toujours tentée de lui demander où sont ses yeux? Et quand je suis à une table près d'elle, j'ai beaucoup de peine à me garantir des usurpations de ses pieds.

Mme MELLEVILLE.

Je vois, Aglaé, que vous êtes incorrigible, et si vous continuez vos impertinentes satires, vous me forcerez de vous punir.

AGLAÉ.

Puisque vous l'ordonnez, maman, je ferai en sorte de ne rien voir et de ne rien entendre.

Mme MELLEVILLE.

Et surtout de ne rien dire.

SCÈNE IV.

MARTHE, D'OLBREUIL, LES PRÉCÉDENS.

MARTHE.

J'ai pensé, Madame, que vous voudriez bien me permettre de venir passer la soirée avec mes bonnes amies, et Betzi a le même projet.

Mme MELLEVILLE.

C'est toujours avec plaisir, mon cher cœur, que je vois ma fille dans votre société; elle ne peut qu'y gagner.

AGLAÉ.

(*A part.*) Oui, des ridicules.

MARTHE.

Tu ne me dis rien, ma chère Aglaé, est-ce que tu n'es pas contente de me voir?

AGLAÉ.

Au contraire, j'en suis enchantée; quand doit venir Betzi?

MARTHE.

Tout à l'heure, à ce qu'elle m'a dit : et Julie, où est-elle donc?

AGLAÉ.

Elle va venir. Voulez-vous nous permettre de rester au salon, maman,

Mme MELLEVILLE.

Sans doute : vous n'êtes plus d'un âge à être importune en société, et Betzi, qui est la plus jeune, est tout à fait raisonnable.

MARTHE.

Il est vrai qu'elle est bien gentille, bien polie, bien aimable ; c'est étonnant pour une étrangère !

Mme MELLEVILLE.

Quel préjugé, ma chère amie ! croyez-vous donc qu'il n'y ait que la France où il y ait des gens polis ?

MARTHE.

Je l'ai ouï dire bien souvent, Madame.

Mme MELLEVILLE.

C'est une erreur.

AGLAÉ.

Cependant, maman, vous conviendrez que les étrangères sont loin de ressembler aux Françaises; on les distingue facilement à leur air gauche, emprunté et roide.

Mme MELLEVILLE.

Elles nous paraissent telles, comme dans leur

SCÈNE V.

pays nous pouvons leur paraître aussi très-singulières.

SCÈNE V.

BETZI, JULIE, LES PRÉCÉDENS.

JULIE.

Oh! maman, comme nous allons être heureuses ce soir! Voilà une bonne recrue de bonnes amies!

Mme MELLEVILLE.

J'en suis charmée. (*A Betzi.*) Bonjour, ma chère petite; vous êtes bien aimable d'être venue jouer avec mes enfans; mais qu'avez-vous, que vous restez ainsi debout?

BETZI.

C'est que j'ose pas, moi, faire la révérence à vous, Madame, car mamiselle Aglaé y se moquerait.

Mme MELLEVILLE.

Ne faites pas attention à Aglaé, ma chère, c'est une étourdie, qui n'est pas bonne enfant comme vous; venez m'embrasser!

BETZI.

Vous donner la permission à moi, Madame, avec grand beaucoup de plaisir (*elle embrasse madame Melleville*); mais voilà-t-il pas mamiselle Aglaé qui rit de moi.

AGLAÉ, *s'efforçant de ne pas rire.*

Non, non, je t'assure.

BETZI.

Y n'est pas beau d'y toujours moquer comme cela des autres ; moi j'aime pas, et mi faites bien beaucoup de peine.

AGLAÉ, *riant aux éclats.*

C'est dommage que nous ne soyons pas des messieurs, nous boxerions ; car on boxe dans ton pays, n'est-ce pas, Betzi ?

BETZI.

Dans mon pays, on tape bien beaucoup ceux qui sont pas bons...; mais moi plus prendre garde à vos moqueries, la Madame l'a dit.

MARTHE.

Qu'est-ce donc que de boxer, Betzi ?

BETZI.

Ah dame! c'est quand on est bien beaucoup colère, on se fait pif, paf, pouf, avec le poing.

(En faisant le geste de boxer, elle donne une tape à Aglaé.)

AGLAÉ.

Je me passerais bien de tes démonstrations.

BETZI.

C'est que moi voulais montrer à elle comme on faisait.

JULIE.

Voulez-vous, mes amies, que nous regardions un beau livre de gravures que maman a eu la bonté de me prêter?

MARTHE et BETZI.

Oui, oui.

AGLAÉ.

Avec tes gravures qu'on a déjà vues cent fois! c'est bien amusant.

JULIE.

Eh bien! tu ne les regarderas pas : voilà tout.

Mme DE MELLEVILLE.

Conduis ces demoiselles dans la chambre, Julie, et quand cela ne les amusera plus de regarder les gravures, tu les ramèneras au salon.

JULIE.

Oui, maman.

(Elle s'en va avec Betzi et Marthe.)

SCÈNE VI.

MADAME MELLEVILLE, AGLAÉ.

Mme MELLEVILLE.

Vous me paraissez décidée à ne rien faire ce soir de ce qui convient aux autres?

AGLAÉ.

Convenez, maman, que ces demoiselles sont bien enfans. Et puis, voulez-vous que je vous fasse un aveu?

Mme MELLEVILLE.

Il y a toujours du mérite dans la franchise.

AGLAÉ.

Eh bien, c'est que je serais fâchée de ne pas me trouver au salon lorsque madame Fonbelle arrivera ; elle fait des révérences si drôles, son chapeau ressemble si bien à un pâté qui sort du four, que je ne voudrais rien perdre du plaisir de la voir à son début.

Mme MELLEVILLE, *avec sévérité.*

Aglaé, vous oubliez que madame Fonbelle est une femme respectable, et de plus mon amie ; et...

SCÈNE VII.

MADAME FONBELLE, LES PRÉCÉDENS.

Mme FONBELLE.

Eh bonjour, ma chère amie ; il y a un siècle que je ne vous ai vue ! Mais vous êtes la femme forte de l'Évangile, toujours occupée de vos enfans ; c'est une occupation trop intéressante pour que vos amies aient le droit de s'en plaindre.

AGLAÉ *ricane en dessous, et s'éloigne dans l'embrasure de la fenêtre.*

(*A part.*) Ses bras ont vraiment l'air de deux brancards de cabriolet.

Mme FONBELLE.

Et cette chère Aglaé, comment va-t-elle? grandit-elle en raison autant qu'en taille? Car elle est vraiment étonnante pour son âge!

Mme MELLEVILLE.

J'ai si peu de choses satisfaisantes à dire là-dessus, que j'aime mieux me taire.

Mme FONBELLE.

Allons, allons, cela viendra. Viens m'embrasser, ma petite. Il faut tâcher de satisfaire cette bonne maman : elle t'aime tant!

AGLAÉ.

Voulez-vous me permettre d'aller rejoindre ces demoiselles, maman?

Mme MELLEVILLE.

Allez.   (Aglaé sort.)

SCÈNE VIII.

MADAME MELVILLE, MADAME FONBELLE.

Mme FONBELLE.

J'ai cru remarquer une nuance de sévérité dans vos regards, mon amie! est-ce que réellement Aglaé vous donne du chagrin?

Mme MELLEVILLE.

Beaucoup. Je crains que cette enfant n'ait un mauvais cœur : toujours elle se moque des autres.

Mme FONBELLE.

C'est un défaut qui peut devenir un vice ; il faut l'en corriger.

Mme MELLEVILLE.

Je le voudrais de tout mon cœur ; mais comment y parvenir ?

Mme FONBELLE.

Avec de la gaîté : si elle lance un trait satirique, lancez-lui en deux. A son âge, on a plus d'un côté faible ; et si vous le permettez, je lui donnerai ce soir une petite leçon.

Mme MELLEVILLE.

Vous me ferez grand plaisir ; mais sur quoi ?

Mme FONBELLE.

Le sujet naîtra de lui-même, et j'en profiterai ; elle se croit très-savante, n'est-ce pas ?

Mme MELLEVILLE.

Oui, beaucoup, surtout sur la géographie ; parce qu'elle a beaucoup de mémoire, elle se croit un bel-esprit, et tourmente au jour la journée sa sœur et ses amies.

SCÈNE IX.

Mme FONBELLE.

Je me fais un vrai plaisir de mettre sa science en défaut. Mais vous auriez tort d'attacher à ce défaut plus d'importance qu'il n'en mérite: tous les enfans ont un penchant qu'il ne faut que combattre pour le vaincre.

Mme MELLEVILLE.

Vous me rassurez ; car il me serait pénible de penser que ma fille ne serait aimée de personne.

SCÈNE IX.

Mme MELLEVILLE, Mme FONBELLE, AGLAÉ, JULIE, BETZI, MARTHE.

JULIEN, *à Aglaé*.

Moi, je veux m'en assurer auprès de maman !

Mme MELLEVILLE.

De quoi s'agit-il ?

JULIE.

C'est Aglaé qui prétend que *Golconde* est en Espagne !

Mme FONBELLE.

Comment, Mademoiselle, vous traitez des questions de géographie ? Mais c'est un vrai lycée que votre maison, ma bonne amie !

Mme MELLEVILLE.

Aglaé fait une erreur grave, car *Golconde* est

situé en Asie, dans la presqu'île en deçà du Gange ; c'est un royaume qui fait partie du *Decan*, et qui possède les plus riches mines de diamans.

BETZI.

Ah ! ah ! mademoiselle Aglaé, vous pas être encore bien beaucoup savant, puisque vous mettez dans l'Europe un grand, beau pays qui est dans le Asie.

AGLAÉ, *confuse*.

On peut bien se tromper, ma foi.

Mme FONBELLE.

Sans doute ! ce n'est pas un miracle. Mais je suis bien aise qu'Aglaé soit un peu forte sur la géographie ; c'est une science que j'aime beaucoup, et j'aurai le plus grand plaisir à en causer avec elle.

AGLAÉ, *avec vanité*.

Cela m'en fera beaucoup aussi, Madame. Je ne sais pas comment je me suis trompée sur une chose aussi simple, car je le savais bien.

Mme FONBELLE.

Ce ne pouvait être qu'une distraction, j'en suis sûre ; et, pour prouver à ces demoiselles qu'il est difficile de vous prendre deux fois en défaut, faites-moi le plaisir de me dire dans quel pays sont le *Hoang* et le *Kiang*.

SCÈNE IX.

AGLAÉ.

Vous voulez m'attraper, Madame ; ces noms-là ne sont pas dans la géographie.

BETZI.

Mon Dieu ! si, mon Dieu ! si ; moi, je le sais bien : ce sont les deux grandes rivières qui sont dans la Chine. Le *Kiang* est la rivière Bleue, et le *Hoang* est le fleuve Jaune.

Mme FONBELLE.

A merveille ! ma petite amie ; c'est, sans doute, pour vous donner le plaisir de si bien répondre qu'Aglaé n'a pas voulu nous dire une chose qu'elle savait, je n'en doute pas !

AGLAÉ, *avec humeur*.

Je ne suis pas bien forte sur les fleuves ; si c'était sur les îles, à la bonne heure.

Mme FONBELLE.

Je vous crois bien : aussi vous allez me dire, sans coup férir, où est située l'île Robertsau.

AGLAÉ, *en colère*.

Mais, Madame, c'est pour me faire tromper que vous dites des noms auxquels personne ne connaît rien.

MARTHE.

Oh ! que si, on les connaît, ces noms-là ; l'île

Robertsau est auprès de *Strasbourg;* elle est située sur la rivière *d'Ill*, et l'on y fait de charmantes promenades.

BETZI, *regardant Aglaé.*

Oh! quel vilain grimace il fait!

AGLAÉ.

Est-ce que je vais chercher les îles qui sont dans les rivières, moi! à la bonne heure celles qui sont dans la mer.

Mme FONBELLE.

Il est vrai que j'ai eu tort; ma question n'était pas assez relevée pour une savante. Il n'en sera pas de même lorsque je lui demanderai où sont les *Célèbes.*

AGLAÉ, *pleurant.*

Où puis-je aller chercher des pays que je ne connais pas, et que je n'ai jamais vus sur la carte?

BETZI.

Cependant il est pas bien difficile de dire; car ces îles sont dans le Asie, dans le mer des Indes, au sud des Philippines, à l'est de *Bornéo,* à l'ouest des Moluques. Vous voyez bien, mam'selle Aglaé, que moi, qui suis petit, je dis mieux que vous qui vous croyez bien savante.

SCÈNE IX.

AGLAÉ.

Je ne sais pas comme cela se fait…; mais si nous retournions voir les gravures?

Mme MELLEVILLE.

Je vous conseillerais plutôt, ma chère, d'aller étudier votre atlas et de réfléchir sur les inconvéniens qu'il y a à se moquer toujours des autres; on est traité par eux sans pitié, et ce n'est que la juste peine du talion.

L'ÉGOÏSTE.

CLAIRE MALMONT, âgée de quatorze ans.
TONINE, âgée de douze ans, sa sœur.
GABRIELLE, âgée de douze ans, amie des demoiselles Malmont.
AMÉDÉE MALMONT, âgée de treize ans.
Mme MALMONT.

La scène se passe dans un jardin.

SCÈNE I.

Mme MALMONT, *travaillant sur un banc.*

Combien la maternité donne d'inquiétude! Si elle procure beaucoup de plaisirs, ils sont bien semés d'épines. Je ne vis que pour mes enfans, et toute mon existence est consacrée à leur éducation, à leur bonheur; mais reconnaîtront-ils mes soins, ma tendresse? leurs cœurs répondront-ils au mien avec le même abandon? Hélas! pauvres mères que nous sommes! la saison de l'enfance donne quelquefois des espérances que l'âge mûr met bien souvent en défaut. Amédée, avec ses treize ans, me fait trembler pour l'avenir; il a un caractère froid, impassible; mais je le vois toujours occupé de lui, jamais des autres.

Si l'on peut trouver le bonheur avec un tel caractère, il est sûr qu'on ne le fait partager à personne ; et cette idée m'attriste et m'afflige.

SCÈNE II.

MADAME MALMONT, CLAIRE.

CLAIRE.

Oh! maman, quelle douleur! Cette jolie bordure de violettes et de pensées, que j'avais plantée avec tant de peines, arrosée avec tant de soins, elle est toute arrachée, toute labourée ; je suis dans la désolation.

Mme MALMONT.

Ce malheur ne vaut pas la peine de te causer une affliction si grande, car il est facile à réparer. Mais quels sont les Vendales qui ont ainsi ravagé ton parterre ?

CLAIRE.

Le jardinier dit que c'est mon frère, et que, quand il lui a fait observer que je tenais beaucoup à mes fleurs, il lui avait répondu, avec beaucoup de sang-froid : Et moi, je tiens beaucoup à ce que je veux semer dans ce terrain.

Mme MALMONT.

Toujours le *moi* ; c'est sa divinité favorite.

CLAIRE.

Cependant je lui aurais bien donné de mes violettes et de mes pensées, lorsqu'elles auraient été fleuries.

Mme MALMONT.

L'égoïsme est un grand défaut, ma chère amie; tâche de t'en garantir, et, pour cela, évite ce que fait ton frère.

SCÈNE III.

MADAME MALMONT, CLAIRE, AMÉDÉE.

Mme MALMONT.

Tu as fait beaucoup de peine à ta sœur, Amédée; elle tenait tant à ses bouquets! Pourquoi les as-tu arrachés?

AMÉDÉE.

Pour semer dans ce terrain des graines de *rhododendron*. J'avais pourtant dit devant elle que j'en avais le projet.

CLAIRE.

Oui; mais maman m'avait accordé la jouissance des plates-bandes où j'avais mis mes violettes, et je ne croyais pas que tu oserais m'enlever une chose qu'on m'avait donnée.

AMÉDÉE.

Tu verras comme mes plantes seront belles!

Mais je te préviens que je ne veux pas que personne y touche.

Mme MALMONT, *souriant.*

Pas même moi.

AMÉDÉE.

Oh, maman! je sais bien que vous ne voudriez pas me faire de la peine.

Mme MALMONT.

Et pourquoi ne crains-tu pas d'en faire aux autres?

AMÉDÉE.

Mais, maman, je ne fais pas de la peine à Claire, puisque je lui laisserai regarder mes *rhododendrons*, lorsqu'ils seront venus.

CLAIRE.

Je dois t'en avoir beaucoup d'obligation, vraiment, à moins que tu ne leur mettes un voile.

SCÈNE IV.

MADAME MALMONT, CLAIRE, AMÉDÉE, TONINE.

TONINE.

Maman, maman, moi qui me réjouissais tant de manger de la tarte aux prunes, voilà-t-il pas Gothon qui a fait de la galette!

SCÈNE IV. 211

Mme MALMONT.

Je lui avais cependant dit de faire de la tarte.

TONINE.

Elle prétend que c'est mon frère qui lui a dit de faire de la galette.

Mme MALMONT.

Est-ce vrai, Amédée ?

AMÉDÉE.

C'est si bon de la galette ! maman ; au lieu que votre vilaine tarte, c'est lourd, mauvais, indigeste.

Mme MALMONT.

C'est-à-dire que votre désir doit toujours l'emporter sur ceux des autres ! Nous étions cependant trois à préférer la tarte ; et au moins nous devions jouir des prérogatives attachées à la majorité.

AMÉDÉE.

Puisque cela vous contrarie, maman, je suis fâché de l'avoir dit à Gothon ; mais vous verrez que la galette vaut beaucoup mieux.

CLAIRE.

Ce que je vois clairement, moi, c'est qu'il faut toujours céder à tes volontés.

AMÉDÉE.

Si elles sont plus justes que les tiennes.

TONINE.

A t'entendre, on dirait qu'il n'y a que toi qui as raison.

SCÈNE V.

GABRIELLE, LES PRÉCÉDENS.

GABRIELLE.

Madame, j'ai profité de la permission que vous avez bien voulu me donner, de venir me promener dans votre beau jardin, et j'y trouve beaucoup de plaisir, puisque je peux jouer avec mes bonnes amies.

Mme MALMONT.

Vous êtes toujours sûre de leur en faire aussi, ma chère amie.

AMÉDÉE.

Bonsoir, mademoiselle Gabrielle.

GABRIELLE.

Monsieur, je vous souhaite le bonsoir.

TONINE.

Tu m'as dit, Gabrielle, que tu avais quelque chose à me dire : allons de ce côté. (*Elle prend son bras et elles se parlent tout doucement.*)

SCÈNE V.

AMÉDÉE, *allant près d'elles.*

Je vais vous offrir mon bras, mademoiselle Gabrielle.

CLAIRE.

Laissez-les donc jaser ensemble, puisque cela les amuse.

AMÉDÉE.

Mais c'est que j'aime à être auprès de Gabrielle.

CLAIRE.

Tu as bien tort, car elle n'aime guère être auprès de toi.

AMÉDÉE, *étonné.*

Et pourquoi donc?

CLAIRE.

Parce qu'elle dit que tu ne t'occupes que de toi, et que tu ne penses jamais aux autres.

AMÉDÉE.

Est-ce qu'il n'y a pas un proverbe latin qui dit : *primò mihi?*

Mme MALMONT.

Ah! mon fils, ne l'invoquez jamais, c'est le proverbe des égoïstes!

TONINE *et* GABRIELLE, *revenant sur leurs pas.*

Maman, voulez-vous nous permettre d'aller quelques instans dans la salle d'étude?

Mme MALMONT.

Je le veux bien. (*Elles sortent.*)

SCÈNE VI.

MADAME MALMONT, CLAIRE, AMÉDÉE.

CLAIRE.

Mon frère, tu devrais bien me faire le plaisir de m'esquisser une tête; tu y réussis si bien! et cela me donnerait plus de facilité pour placer les ombres.

AMÉDÉE.

Oh!... je n'ai pas le temps.

Mme MALMONT.

Comment, tu n'as pas le temps? qu'as-tu donc à faire?

AMÉDÉE.

C'est que cela m'ennuie; que n'esquisse-t-elle toute seule?

Mme MALMONT.

Puisque ta sœur t'en prie.

AMÉDÉE.

Une autre fois : j'aime mieux jouer du flageolet à présent.

CLAIRE.

L'ami qui a eu la complaisance de t'apprendre

à jouer du flageolet était plus complaisant que toi.

AMÉDÉE.

Cela se peut bien.

SCÈNE VII.

TONINE, GABRIELLE, LES PRÉCÉDENS.

TONINE.

Mais, Amédée, où as-tu donc mis les crayons et les ardoises qui étaient dans la salle d'étude?

AMÉDÉE.

Je les ai serrés; pourquoi les demandes-tu?

TONINE.

Parce que nous en avons besoin.

AMÉDÉE.

Je ne veux pas qu'on se serve de mes crayons ni de mes ardoises; cela les use, et me donne la peine de les tailler.

Mme MALMONT.

Mais, est-ce qu'ils ne sont pas à tes sœurs comme à toi?

AMÉDÉE.

Non, maman, puisque c'est moi qui dessine le plus.

CLAIRE.

Quand tes plumes ne valaient rien et que tu

m'as demandé les miennes; aurais-tu été content si je te les avais refusées?

AMÉDÉE.

C'est bien différent.

TONINE.

Maman, j'aurais bien voulu faire voir l'optique à Gabrielle; mais monsieur Amédée va encore dire qu'il ne veut pas, j'en suis sûre?

Mme MALMONT.

Moi, je pense qu'il sera plus poli, et qu'il va bien vite aller le chercher.

AMÉDÉE.

Maman, je l'ai démonté, afin qu'il ne se gâte pas.

Mme MALMONT.

Eh bien, mon fils, vous le remonterez; ce ne doit pas être une peine, puisque vous ferez plaisir.

AMÉDÉE, *à part*.

Mon Dieu, que c'est ennuyeux d'être toujours obligé de faire ce qui contrarie ! (*Il sort.*)

SCÈNE VIII.

LES PRÉCÉDENS.

TONINE, *à Gabrielle*.

Tu verras, ma bonne amie, comme c'est amusant, cet optique.

CLAIRE.

Puisque c'est Amédée qui doit l'apporter, nous ne le tenons pas encore.

(On entend jouer du flageolet dans le lointain.)

Mme MALMONT.

Claire a bien jugé son frère : toujours occupé de lui, il a bien vite oublié les autres.

TONINE.

Nous voilà bien, avec notre optique.

GABRIELLE.

Il est bien peu complaisant, ton frère.

CLAIRE.

Eh bien, jouons à la main chaude ; maman, voulez-vous en être ?

Mme MALMONT.

Je le veux bien, pourvu qu'on ne touche pas trop fort.

(Elles s'apprêtent toutes à jouer à la main chaude.)

SCÈNE IX.

AMÉDÉE, LES PRÉCÉDENS.

AMÉDÉE.

Maman, je ne sais ce qui est entré dans mon flageolet, mais il ne veut plus rendre de son; voulez-vous regarder.... Ah! mais vous allez jouer à la main chaude; j'en suis....

TONINE.

Non, non; va jouer de ton flageolet, et laisse-nous en repos.

AMÉDÉE.

Mais j'aime beaucoup la main chaude, moi.

CLAIRE.

Nous aimions beaucoup l'optique, nous, et tu n'en a tenu compte; va-t'en.

AMÉDÉE, *avec humeur.*

Je vous empêcherai toujours bien de jouer, si vous ne voulez pas me laisser être du jeu.

TONINE.

Nous verrons cela.

Mme MALMONT.

Tu n'as que ce que tu mérites. De quel droit veux-tu qu'on s'occupe de tes plaisirs, lorsque tu ne fais rien pour ceux des autres? (*Amédée s'éloigne et va dans le jardin; un moment après, on l'entend crier.*)

Mme MALMONT.

Mon Dieu! qu'est-ce qui arrive à Amédée?

CLAIRE.

Je suis sûre que c'est pour nous effrayer.

SCÈNE X.

AMÉDÉE, *secouant la main et criant,*
LES PRÉCÉDENS.

AMÉDÉE.

Un serpent qui m'a piqué la main !

Mme MALMONT, *effrayée.*

Oh, mon Dieu ! montre, mon ami. (*Elle lui suce la blessure.*)

CLAIRE.

Maman, que faites-vous ?

Mme MALMONT.

C'est le seul moyen d'empêcher le venin de gagner la circulation. Cours me chercher ma boîte de thériaque, Tonine. (*Tonine sort.*)

SCÈNE XI.

MADAME MALMONT, CLAIRE, AMÉDÉE, GABRIELLE.

AMÉDÉE.

Maman, est-ce que cela doit me guérir, ce que vous venez de faire ?

CLAIRE.

Tu ne sais pas tout ce qui peut en résulter ! En te sauvant, maman a pu gagner la mort.

AMÉDÉE.

Est-il bien possible!

Mme MALMONT.

Est-ce qu'une mère songe à elle? Elle ne pense qu'à ses enfans.

AMÉDÉE.

Oh, maman, que je suis coupable, et que vous êtes généreuse!

Mme MALMONT.

Pourquoi donc?

AMÉDÉE.

C'est que j'ai dit qu'un serpent m'avait piqué, afin de vous faire peur; mais ce n'était qu'un gros frélon.

GABRIELLE.

Oh, le méchant!

Mme MALMONT.

Je vous laisse comparer, Amédée, si votre cœur ressemble au mien.

AMÉDÉE.

Je suis bien honteux, maman, et vous assure que je ne veux plus être égoïste.

Mme MALMONT.

Tant mieux, mon fils; car c'est le défaut le plus affligeant.

SCÈNE XII.

TONINE, LES PRÉCÉDENS.

TONINE.

Maman, voici la boîte de thériaque.

Mme MALMONT.

Nous n'avons plus besoin de ce spécifique, ma bonne amie, et j'espère que le venin de l'égoïsme est chassé sans retour.

AMÉDÉE.

J'en sens toute l'horreur dans ce moment, et je l'abjure pour toujours. Si vous voulez, mademoiselle Gabrielle, voir l'optique, vous serez plus commodément dans la maison.

Mme MALMONT.

Eh bien, nous allons rentrer; aussi-bien le serein pourrait nous enrhumer.

L'INDOLENT.

M. DE PRESSAC.
ÉDOUARD DE PRESSAC, âgé de douze ans.
ALFRED DE PRESSAC, âgé de onze ans.
EUGÉNIE DE PRESSAC, âgée de treize ans.
M. DE MÉLIAN, ami de M. de Pressac.

La scène se passe dans un jardin, sur lequel donnent les croisées d'un appartement.

SCÈNE I.

ÉDOUARD, *seul, assis sur un banc du jardin, tenant un livre à la main.*

Que c'est donc ennuyeux de toujours étudier! A quoi cela peut-il servir? tandis qu'il ferait si bon se reposer. (*Il s'étend, bâille, et laisse tomber son livre.*) Ah! qu'on est donc bien comme cela! J'y passerais volontiers ma vie. (*Eugénie appelle par la fenêtre.*) Mon frère! viens vite; voilà le maître de dessin.

ÉDOUARD.

Encore des leçons, et toujours des leçons! (*Il lui répond.*) Commencez toujours; j'irai tout à l'heure. (*Il reprend la même attitude qu'il avait.*) Comme on respire le frais à son aise! (*Alfred, par la croisée.*) Mais viens donc, mon frère, notre maître dit qu'il n'a pas le temps d'attendre.

ÉDOUARD.

J'y vais. Il faut bien s'y décider. A propos, mon livre que j'oublie... Ah bien, je le remasserai quand je reviendrai. (*Il s'en va lentement.*)

SCÈNE II.

M. DE PRESSAC, M. DE MÉLIAN.

M. DE MÉLIAN.

Enfin, mon cher ami, je vous revois, après trois ans d'absence.

M. DE PRESSAC.

Vous avez embrassé une profession cruelle pour vos amis; car enfin ces voyages de long cours, ces vents impétueux, ces rochers contre lesquels les vaisseaux vont se briser comme du verre, font trembler tous ceux qui vous aiment.

M. DE MÉLIAN.

Mon cher, les marins n'ont jamais peur; s'il vient une bourrasque, ils font la manœuvre avec activité; s'il arrive une tempête, ils font un vœu à Notre-Dame-de-la-Délivrande : les voilà rassurés; la tempête s'apaise, et vogue le vaisseau! Croyez-moi, ces naufrages multipliés, dont on épouvante les petits enfans, sont extrêmement

rares. Mais votre petite famille prospère-t-elle ?
en êtes-vous content ?

M. DE PRESSAC.

Mes deux fils sont bons enfans, et ma fille est très-docile et très-sensible ; mais mon fils aîné me désespère par son indolence. Je ne sais, en honneur, ce que j'en pourrai faire.

M. DE MÉLIAN.

Faites-en un marin, morbleu ! il sera bien forcé de devenir actif. Donnez-le-moi, je lui ferai faire quelques voyages ; il mordra peut-être à l'hameçon ; et puis, qui sait ? la fortune réserve toutes ses faveurs aux marins.

M. DE PRESSAC.

Qu'elle leur fait payer souvent bien chère.

M. DE MÉLIAN.

Mais il y a infiniment d'agrément dans notre état ; d'abord la diversité des pays où l'on aborde, les différentes jouissances que l'on y rencontre, l'argent qu'on y gagne facilement, sont des avantages qui ont bien leur mérite.

M. DE PRESSAC, *ramassant le livre.*

Je suis bien sûr qu'Édouard a passé ici ; partout où l'on trouve des traces de désordre, d'indolence ou de paresse, on peut préjuger, sans se tromper, qui en est l'auteur.

M. DE MÉLIAN.

C'est vraiment déplorable! car ce défaut nuit à l'instruction, à l'avancement, à la fortune. Mais me procurerez-vous bientôt le plaisir de voir ces chers enfans? je suis curieux de stimuler le seigneur Édouard.

M. DE PRESSAC.

Ils prennent leur leçon de dessin; je vais les appeler (*il appelle*): Eugénie, Édouard, Alfred, descendez bien vite : notre ami est arrivé.

SCÈNE III.

EUGÉNIE, ALFRED *arrivent en courant*; LES PRÉCÉDENS.

EUGÉNIE.

Voici donc ce bon monsieur de Mélian? Comme il est brun! Que je suis aise de vous voir!

ALFRED.

Et moi donc? Vous avez vu bien du pays, n'est-ce pas, Monsieur? Oh! comme je m'amuserai, si vous avez la bonté de me raconter vos voyages.

M. DE MÉLIAN *les caresse tour à tour.*

Sans doute, mes chers amis; car je viens passer

SCÈNE IV.

quinze jours chez le papa, au milieu de vous; vous voyez que nous aurons le temps de causer.

EUGÉNIE.

Oh! quel bonheur!

M. DE MÉLIAN.

Je t'ai apporté, chère petite, tout plein de jolies choses en coco; et à toi, Alfred, des arcs, des flèches, des zagayes que j'ai rapportés d'Afrique.

EUGÉNIE.

Que vous êtes bon!

M. DE PRESSAC.

Où est donc Edouard?

ALFRED.

Il a dit qu'il allait venir, mais vous savez, papa, qu'il n'est jamais pressé.

M. DE PRESSAC.

Retourne donc le chercher.

ALFRED.

J'y cours. *(Il s'en va.)*

SCÈNE IV.

M. DE MÉLIAN, M. DE PRESSAC, EUGÉNIE.

M. DE MÉLIAN, *montrant Eugénie.*

Comme cette petite fille est grandie! C'est un plaisir bien grand, cependant, que d'avoir des enfans qui vous caressent, qui vous aiment. Je ne veux plus faire que six voyages sur mer, ensuite je me marie, je me repose, et je finis le reste de ma vie entre l'amour et l'amitié. Voudras-tu de moi, Eugénie, pour mari, dans six ans ?

EUGÉNIE, *baissant les yeux.*

Dans six ans, Monsieur.... oh ! je serai trop jeune.

M. DE MÉLIAN.

Par politesse, tu n'oses me dire que je serai trop vieux ; mais je parie que tu le penses ?

EUGÉNIE, *souriant.*

Il me tarde bien de voir les jolies choses, en coco, que vous avez apportées.

M. DE MÉLIAN.

Elles sont dans ma malle ; mais tu n'as rien répondu à ma question ?

EUGÉNIE, *souriant.*

Vous savez bien, Monsieur, *que qui ne dit rien consent.*

SCÈNE V.

M. DE MÉLIAN, M. DE PRESSAC, EUGÉNIE, ÉDOUARD, ALFRED.

ÉDOUARD, *les cheveux en désordre, l'habit malpropre, et barbouillé de crayons.*

Me voici, papa : qu'est-il donc arrivé de pressé ?

SCÈNE V.

M. DE PRESSAC.

De pressé ? il me semble que tu ne t'en inquiétais guère ? Ne reconnais-tu donc pas M. de Mélian ?

ÉDOUARD.

Ah ! vraiment... je ne le voyais pas... Monsieur, je suis bien charmé de votre retour.

M. DE MÉLIAN.

Et moi, je serais très-content de te voir si tu n'étais pas malade.

ÉDOUARD.

Moi, Monsieur ! je me porte à merveille.

D. DE MÉLIAN.

Pas possible ! car tu es défait, pâle, et ton désordre annonce un grand dérangement dans ta santé.

ÉDOUARD.

Je ne me sens aucun mal, je vous assure.

M. DE MÉLIAN.

Cependant tes cheveux, ton habit, toute ta personne se ressentent du désordre de tes idées.

ÉDOUARD.

Est-ce que vous me croiriez fou ?

M. DE MÉLIAN.

Tu en as un peu l'air; mais ne parlons plus de

cela, tu guériras, j'espère; j'ai proposé à ton papa, si cela te convient toutefois, de t'emmener avec moi à mon premier voyage.

ÉDOUARD.

Faudra-t-il aller bien loin?

M. DE MÉLIAN.

Mille lieues. C'est une bagatelle; tu auras le plaisir de pouvoir dire après que tu as vu bien du pays.

ÉDOUARD.

Cela doit être bien fatigant.

M. DE MÉLIAN.

C'est encore plus amusant que fatigant.

ÉDOUARD.

Je sais bien m'amuser en France.

M. DE MÉLIAN.

Tu ne veux donc pas?

ÉDOUARD.

Si papa et vous, Monsieur, me le permettez, j'y penserai avant de me décider.

ALFRED.

Mon bon ami, emmène-moi au lieu de mon frère; j'aurai bientôt pensé, moi.

SCÈNE VI.

M. DE MÉLIAN.

Tu es trop petit; mais, en attendant les réflexions d'Édouard, qui veut venir avec moi à la chasse aux alouettes?

ALFRED.

Moi!

EUGÉNIE.

Moi!

ÉDOUARD.

Moi aussi; cela me ferait bien plaisir.

M. DE PRESSAC *à Édouard*.

Dans ce cas-là, montez dans votre chambre faire une autre toilette, car vous ne pouvez pas décemment sortir comme vous êtes arrangé.

M. DE MÉLIAN.

Songe, Édouard, que nous ne te donnons que dix minutes; cela doit te suffire pour t'habiller.

ÉDOUARD.

Je vais bien me dépêcher. (*Il sort.*)

SCÈNE VI.

LES PRÉCÉDENS.

M. DE MÉLIAN.

Il faut donner de l'énergie à cet enfant, qui a l'air très-doux, et l'on en fera quelque chose.

M. DE PRESSAC.

Je vous le confie, vous le verrez avec plus d'impartialité que moi, qui me désespère de son indolence.

M. DE MÉLIAN.

Il faut commencer par l'habituer à l'exactitude. (*Il tire sa montre.*) Il y a déjà sept minutes d'écoulées, il n'en reste plus que trois..... Édouard ?

ÉDOUARD, *dans la chambre.*

Je mets mon pantalon, tout à l'heure j'ai fini.

M. DE MÉLIAN.

Nous aurons plus tôt fini que toi; une, deux, trois, les dix minutes sont passées ; partons, enfans !

EUGÉNIE.

Encore deux minutes, Monsieur, je vous en prie.

M. DE MÉLIAN.

Je le veux bien, mais pas une de plus après.

M. DE PRESSAC.

Je resterai, si vous le permettez, car ma goutte me fait beaucoup souffrir.

M. DE MÉLIAN.

Doit-on se gêner entre amis ? vous voyez bien

comme j'en use chez vous, et avec vous; mais les deux minutes sont finies; partons; tant pis pour les lambins. (*Il emmène Eugénie et Alfred.*)

SCÈNE VII.

M. DE PRESSAC, *seul.*

Pauvre Édouard, tu vas être bien puni de ta lenteur.

ÉDOUARD, *depuis la chambre.*

Ma sœur Eugénie, veux-tu monter pour me recoudre mon gilet?

M. DE PRESSAC, *à part,*

Appelle, appelle; elle est bien loin, ta sœur.

SCÈNE VIII.

M. DE PRESSAC, ÉDOUARD, *sa cravate nouée de travers, et son gilet déboutonné.*

ÉDOUARD.

Où sont-ils donc, mon papa?

M. DE PRESSAC.

A la chasse aux alouettes.

ÉDOUARD.

Ils avaient pourtant promis de m'attendre.

M. DE PRESSAC.

Oui, dix minutes; il y a une demi-heure que vous êtes monté.

ÉDOUARD.

Je me suis pourtant bien dépêché.

M. DE PRESSAC.

Il y paraît.

ÉDOUARD.

Je n'ai seulement pas pris le temps de boutonner mon gilet; et j'attendais ma sœur pour le recoudre, car il est déchiré.

M. DE PRESSAC.

Toutes ces petites choses se prévoient d'avance, et l'on n'attend pas l'heure de sortir, pour voir si ses vêtemens sont en ordre.

ÉDOUARD.

J'y ferai attention une autre fois, mon papa.

M. DE PRESSAC.

Allez me chercher mes lunettes et le journal.

ÉDOUARD.

Oui, papa. (*Il sort.*)

SCÈNE XI.

M. DE PRESSAC, *seul.*

S'il est aussi long-temps à faire ma commission qu'à s'habiller, j'ai le temps d'attendre. Édouard! Édouard!....

ÉDOUARD, *depuis la chambre.*

Je descends.

SCÈNE X.

M. DE PRESSAC, ÉDOUARD.

M. DE PRESSAC.

Mais que pouvais-tu faire, pour être si long-temps ?

ÉDOUARD.

C'est que je regardais une mouche à travers le verre de vos lunettes ; elle me paraissait bien grosse.

M. DE PRESSAC.

Le moment était bien choisi ; donne-moi donc le journal.

ÉDOUARD.

Je l'ai laissé là-haut.

M. DE PRESSAC.

Retourne le chercher, et surtout ne t'amuse plus à regarder les mouches. (*Édouard sort.*)

SCÈNE XI.

M. DE PRESSAC, *seul.*

Si jamais tu montes sur un vaisseau, mon pauvre Édouard, il te faudra devenir un peu plus leste. Édouard ! Édouard !

ÉDOUARD, *depuis la chambre*.

Papa, je ne trouve pas le journal.

M. DE PRESSAC.

Il est sur le canapé.

ÉDOUARD, *dans le jardin*.

Je n'y avais pas pensé; je l'ai trouvé, et le voici.

M. DE PRESSAC.

Qu'es-ce que tu m'apportes? est-ce là le journal? c'est une ordonnance de marine.

ÉDOUARD.

Je n'y avais pas regardé; mais, si vous voulez, je m'en vais le reporter.

M. DE PRESSAC.

Non, car tu m'impatientes; et j'aime mieux y aller moi-même. (*Il sort.*)

SCÈNE XII.

ÉDOUARD, *seul*.

C'est bien ennuyeux d'être toujours grondé : comme si je ne faisais pas tout ce que je peux. J'en suis tout en nage, à force d'être monté et descendu. (*Il s'essuie le front*) Si j'allais avec M. de Mélian? Je n'aurais plus de leçons à apprendre, plus de thêmes à faire; cela serait agréable.

Mais c'est qu'il est si vif, ce monsieur de Mélian ! c'est comme un vrai tourbillon.

SCÈNE XIII.

M. DE PRESSAC, ÉDOUARD.

M. DE PRESSAC.

Mais, Édouard, qu'avez-vous donc fait avec la bouteille à l'encre ?

ÉDOUARD.

Rien, papa. Ah ! je l'ai posée sur le canapé.

M. DE PRESSAC.

Sans la boucher, sans doute ? et le chat l'aura fait tomber, car le canapé est couvert d'encre.

ÉDOUARD.

Mon Dieu, mon Dieu ! je l'aurai oublié.

M. DE PRESSAC.

Insupportable enfant !

ÉDOUARD.

Cela me fait penser que j'ai laissé la poire à poudre auprès du feu ; je vais bien vite la chercher.

M. DE PRESSAC.

Imprudent ! (*Au moment où Édouard quitte le jardin, on entend une forte explosion.*)

M. DE PRESSAC.

Pourvu qu'il n'y ait personne de blessé, et que le feu ne prenne pas à la maison! (*Il rentre.*)

SCÈNE XIV.

M. DE MÉLIAN, EUGÈNE, ALFRED.

M. DE MÉLIAN.

Trois douzaines d'alouettes de prises : quel bon pâté nous allons faire !... Où est donc le papa?

ALFRED.

Je vais le chercher, Monsieur, et l'amènerai tout de suite. (*Il sort.*)

SCÈNE V.

M. DE MÉLIAN, EUGÉNIE.

M. DE MÉLIAN.

Eh bien, mon petit raton, es-tu fatiguée de ta promenade?

EUGÉNIE.

Non, Monsieur, au contraire, je me suis fort amusée.

M. DE MÉLIAN.

Lorsque tu seras ma petite femme, je te ferai promener tous les jours.

EUGÉNIE.

Mais c'est que je ne le serai jamais, aussi; vous

savez bien que vous avez dit que.... j'étais trop jeune.

SCÈNE XVI.

M. DE MÉLIAN, M. DE PRESSAC, ÉDOUARD, EUGÈNE, ALFRED.

M. DE PRESSAC.

Voilà Édouard qui vient de faire de beaux chefs-d'œuvre.

EUGÉNIE.

Quoi donc?

M. DE PRESSAC.

Comme il ne prend pas la peine de regarder à rien, il laisse sur le canapé une bouteille d'encre débouchée; elle se renverse, et mon joli meuble de velours bleu est perdu. Par le même esprit d'indolence, il laisse au coin du feu une poire à poudre qui s'échauffe : la poudre prend, et l'explosion a brisé la belle glace de ma cheminée; heureux encore que le feu n'ait pas pris à la maison !

M. DE MÉLIAN.

Ce sont des méprises un peu fortes, et qui deviennent un peu coûteuses. Crois-moi, Édouard, viens sur mon vaisseau ; je te ferai d'abord pilotin, et, par Dieu, tu finiras par devenir un homme... un marin ; c'est le seul moyen de vaincre ton insupportable apathie.

ÉDOUARD.

Eh bien, Monsieur, je me décide, puisque papa le veut bien ; vous voyez que je n'ai pas été long, cette fois.

M. DE MÉLIAN.

Tu es un prodige d'activité.

EUGÉNIE.

Quand tu reviendras de tes voyages, tu nous rapporteras de jolies choses en ivoire, en coco, n'est-ce pas, Édouard ?

ALFRED.

Et à moi, un beau sabre, un casse-tête, bien des affaires de sauvages, entends-tu ?

M. DE PRESSAC.

Il faut donc s'occuper de ton équipage de marin, Édouard ?

ÉDOUARD.

Oui, papa, c'est une affaire décidée.

M. DE MÉLIAN.

Allons boire à la santé du futur marin.

LA
PETITE FILLE ACARIATRE.

ROSALIE MÉNARD, âgée de douze ans.
ALEXANDRE, son frère, âgé de onze ans.
ROSE BLINVAL, amie de Rosalie.
LAURE BLINVAL, amie de Rosalie.
MARIE, domestique de M*me* Ménard.
M*me* MÉNARD.

La scène se passe dans la chambre à coucher de Rosalie.

SCÈNE I.

ROSALIE, *seule.*

Que c'est ennuyeux de faire dire aux gens qu'on viendra, et de ne pas venir! Rose et Laure doivent venir passer la soirée avec moi, elles n'arrivent pas; apparemment qu'elles pensent que la soirée ne commence qu'à huit heures. Le beau plaisir de se réunir pour n'être qu'une heure ensemble! (*elle range les meubles avec humeur*) et cette Marie, qui laisse la poussière sur tous les meubles! je vais joliment l'arranger. Marie!... Marie!... Marie!..

SCÈNE II.

ROSALIE, MARIE, *accourant*.

MARIE, *d'un air effrayé.*

Qu'est-ce qui vous arrive donc, mademoiselle Rosalie, que vous criez si fort?

ROSALIE.

Crier... c'est bien honnête ce que vous dites-là! J'appelle, et je *ne crie* pas.

MARIE.

Eh bien, pourquoi m'appelez-vous?

ROSALIE.

Pour vous dire que vous êtes une malpropre, une négligente, une paresseuse. Voyez-vous toute cette poussière?

MARIE.

Il ne faut pas me dire tant d'injures pour cela; car, pendant que je faisais votre chambre, madame m'a appelée pour m'envoyer en commission, et depuis, j'ai été si occupée, que je n'ai pu finir cet ouvrage.

ROSALIE.

Oh! je sais bien que vous aurez toujours raison, parce que vous n'êtes qu'une raisonneuse.

MARIE.

Ma foi, Mademoiselle, si je n'en avais pas plus

que vous, de la raison, je vous laisserais bientôt faire votre ouvrage toute seule, car vous êtes bien désagréable à servir ; mais Madame est si bonne, que je reste à cause d'elle ; et puis je pense que vous n'êtes qu'une enfant, et que vous vous corrigerez peut-être.

ROSALIE.

Cette créature, est-elle insolente !

MARIE.

Créature, dites-vous ?...

SCÈNE III.

MADAME MÉNARD, LES PRÉCÉDENS.

Mme MÉNARD.

Qu'est-ce qui vous arrive donc ! j'entends bien du bruit ?

ROSALIE.

C'est mam'selle Marie qui me dit des impertinences.

MARIE.

Je ne suis donc plus une *créature*, à présent ; je suis mam'selle Marie.

Mme MÉNARD.

Qu'est-ce que tout cela signifie ? Marie, vous allez m'apprêter mon schall et ma robe : je veux sortir.

MARIE.

J'y cours, Madame, (*Elle sort.*)

SCÈNE IV.

MADAME MÉNARD, ROSALIE.

Mme MÉNARD.

Je suis sûre, ma fille, que vous gourmandiez la pauvre Marie d'une belle manière, car j'entendais votre voix de fausset par-dessus la sienne. Ne pourrai-je donc jamais vous convaincre que, dans les réprimandes que l'on est forcé de faire, on peut garder des mesures ? c'est le moyen de se faire respecter, sans se faire haïr.

ROSALIE.

Oh ! je sais bien, maman, qu'avec vous Marie a toujours raison...

Mme MÉNARD.

Si vous étiez moins acariâtre, vous sentiriez que vous me dites une grossièreté ; vous prenez bien les moyens de vous faire détester de tout le monde.

ROSALIE, *pleurant.*

Je ne fais pourtant rien à personne.

Mme MÉNARD.

C'est beaucoup, que de toujours dire des choses désagréables.

SCÈNE V.

ALEXANDRE, LES PRÉCÉDENS.

ALEXANDRE.

Ma sœur, je viens de regarder par la fenêtre, et j'ai vu tes amies qui arrivent; elles sont tout près de la maison; mais qu'as-tu donc, tu pleures?

ROSALIE.

Qu'est-ce que cela vous fait? si je pleure, j'essuierai mes yeux.

ALEXANDDE.

Oh! comme tu es grognon! moi, je vais recevoir ces demoiselles.

ROSALIE.

Non, Monsieur, c'est moi qui veux les recevoir. (*Elle souffle sur son mouchoir, et se sèche les yeux.*)

SCÈNE VI.

MADAME MÉNARD, *seule*.

On dit que les enfans se corrigent entre eux;, je le désire bien sincèrement; car Rosalie n'est pas méchante au fond, et elle a toutes les apparences de la méchanceté. Oh! oh! j'entends déjà sur l'escalier des signes de mésintelligence; que sera-ce donc lorsque la réunion sera installée?

SCÈNE VII.

MADAME MÉNARD, ROSALIE, ALEXANDRE, ROSE, LAURE.

ROSALIE.

Quand je vous dis qu'il est plus de sept heures, j'en suis bien sûre, je pense : maman, voulez-vous regarder votre montre, je vous en prie?

Mme MÉNARD.

Il est sept heures deux minutes.

ROSALIE.

Là, vous voyez bien.

ROSE.

C'est bien la peine de disputer pour cinq ou six minutes.

Mme MÉNARD.

C'est apparemment le plaisir que ma fille trouve à être avec vous, Mesdemoiselles, qui la fait calculer si rigoureusement.

LAURE.

Je crois que c'est plutôt l'habitude de vouloir toujours avoir raison...

ROSALIE.

Si vous n'êtes venue que pour me chercher querelle, vous auriez tout aussi bien fait....

SCÈNE VII.

Mme MÉNARD, *avec vivacité.*

Rosalie!... Je dois sortir, mes enfans, et je voudrais bien voir l'harmonie rétablie avant mon départ; que désirez-vous faire, pour vous amuser?

LAURE.

Ce que Rosalie voudra, Madame.

ROSE.

Allons, Rosalie, ne boude plus; laisse-moi t'embrasser. (*Elle l'embrasse.*)

Mme MÉNARD, *à-part.*

Quel aimable caractère! que ma fille n'est-elle de même! (*Haut.*) Voulez-vous vous amuser à regarder ma collection d'oiseaux? les gravures sont très-bien faites.

ROSE.

Oui, Madame, oui, Madame. (*A Rosalie.*) Oh! ma bonne, comme nous allons nous amuser!

ROSALIE, *à part.*

Je les ai déjà vus vingt fois, ces oiseaux.

Mme MÉNARD.

Alexandre, va chercher le carton qui contient les gravures. (*Alexandre sort.*)

SCÈNE VIII.

LES PRÉCÉDENS, *excepté* ALEXANDRE.

Mme MÉNARD.

J'espère que la paix régnera entre vous, et que vous ne gâterez pas mes gravures?

LAURE.

Non, Madame, nous en aurons bien soin.

Mme MÉNARD.

Je vais envoyer Marie auprès de vous; c'est une bonne fille qui sera enchantée si vous avez la complaisance de lui montrer les oiseaux. Rosalie, je te recommande ces demoiselles : fais-les rafraîchir; et si l'envie vous prenait de faire des crêpes, je dirai à Marie qu'elle vous en fasse.

ROSE.

Que vous êtes bonne, Madame! oh la jolie soirée que nous allons passer!

SCÈNE IX.

ALEXANDRE, LES PRÉCÉDENS.

ALEXANDRE.

Voici le carton de gravures. (*Il le pose sur une table.*)

Mme MÉNARD.

Adieu, mes bons amis, amusez-vous bien.

LAURE.

Nous n'y manquerons pas, Madame.

(*Madame Ménard sort.*)

SCÈNE X.

LES PRÉCÉDENS, *excepté* Mme MÉNARD.

ROSALIE.

Tu ne sais pas, Alexandre : maman qui nous a permis de faire des crêpes!

ALEXANDRE.

Vrai!

ROSE.

Oui ; et Marie nous en fera, si nous voulons.

LAURE.

Pendant que Marie les fera, est-ce que nous ne pourrions pas voir les oiseaux?

ROSALIE.

Bon! des oiseaux de papier, c'est bien intéressant! à la bonne heure s'ils étaient vivans.

LAURE.

Comme tu voudras, ma bonne amie; ce que j'en disais...

ALEXANDRE.

Oh! les crêpes, les crêpes! Je m'en vais dire à Marie...

ROSALIE.

On n'a pas besoin de vos ordres, Monsieur; il n'y a qu'à l'appeler, elle viendra, et alors on lui dira....

SCÈNE XI.

MARIE, LES PRÉCÉDENS.

MARIE.

Madame m'a dit, en s'en allant, que vous désiriez des crêpes, Mesdemoiselles...

ROSALIE, *avec aigreur.*

Est-ce que ces demoiselles sont les maîtresses ici ? Vous pouvez bien vous adresser à moi, je pense !

MARIE.

Oh ! mon Dieu ! ne vous fâchez pas, Mademoiselle...

ALEXANDRE.

Ma petite sœur, sois donc bonne, une fois en ta vie, et ne trouble pas nos plaisirs.

ROSE.

Rosalie, ma chère amie, tu aimes bien les crêpes, n'est-ce pas ?

ROSALIE.

Oui, sûrement.

SCÈNE XI.

ROSE.

Eh bien, laissez-les donc faire.

MARIE.

Voulez-vous que j'y mette de l'eau de fleur d'orange?

ROSALIE.

Mon Dieu, non!

LAURE.

C'est pourtant bien bon.

ROSALIE.

Dis donc bien fade.

LAURE.

C'est si parfumé !

ROSALIE.

Cela fait mal au cœur.

MARIE.

Décidez-vous, pour que j'aille les faire.

LAURE.

Rosalie est chez elle, et nous devons faire ses volontés : point de fleur d'orange.

ROSALIE.

Mettez-en, si vous voulez, cela m'est bien égal, je vous assure, car je n'en mangerai pas, de vos crêpes.

ALEXANDRE.

Tant mieux, nous en aurons plus de reste.

MARIE.

Allons, je m'en vais les faire : ne vous disputez pas, au moins, pendant ce temps-là. (*Elle sort.*)

SCÈNE XII.

LES PRÉCÉDENS.

ROSALIE.

Vous serez contente, j'espère, j'ai assez fait vos volontés.

ALEXANDRE.

Ne vas-tu pas recommencer?

ROSALIE.

Ce n'étais pas à vous que je parlais, Monsieur, pourquoi me répondez-vous?

ALEXANDRE.

Tu te fâches donc? Croyez-moi, Mesdemoiselles, laissez-la toute seule, et allons voir faire les crêpes; nous les mangerons plus chaudes.

ROSALIE.

Cela ne serait pas honnête; j'aime bien mieux rester auprès de ma petite Rosalie, et lui faire des contes, pour lui faire revenir sa bonne humeur.

SCÈNE XII.

LAURE.

Et mois aussi. Ris donc, Rosalie, ris donc.

ROSALIE, *à part.*

Dans le fait, elles sont bien plus gentilles que moi. (*Haut.*) Vous avez vaincu ma mauvaise humeur, mes bonnes amies ; je vous demande pardon d'avoir été si maussade, et je veux aller manger des crêpes avec vous, quand même il devrait y avoir de la fleur d'orange.

ROSE.

C'est bien, c'est bien ; allons manger les crêpes.

ALEXANDRE.

Vivat ! ma sœur est corrigée.

LE PETIT GASCON.

CONSTANCE DE BLIGNI, âgée de quatorze ans.
THÉODORE DE BLIGNI, âgée de treize ans.
PAUL DE BLIGNI, âgé de douze ans.
Mme DE BLIGNI.
JULES D'ESPAGNAC cousin des jeunes de Bligni, âgé de quinze ans.

La scène se passe dans un salon.

SCÈNE I.

MADAME DE BLIGNI, JULES.

Mme DE BLIGNI.

Et tu dis, Jules, que cette araignée couvrait un carreau de la chambre?

JULES.

Oui, ma tante; elle était effrayante.

Mme DE BLIGNI.

Et tu as eu le courage de la tuer?

JULES.

Ma tante, j'ai sifflé, et cela l'a fait fuir.

Mme DE BLIGNI.

Je ne savais pas encore que les araignées

étaient comme les auteurs, et qu'elles craignaient les sifflets.

JULES.

Mais je ne sais pas si elle m'a jeté son venin, car, depuis ce temps-là, j'ai des éblouissemens...

Mme DE BLIGNI.

C'est bien fâcheux ; je te conseille d'y prendre garde.

JULES.

Vous avez l'air de vous moquer de moi, ma tante.

Mme DE BLIGNI.

Tu sens bien que je n'oserais pas, mon cher neveu.

SCÈNE II.

CONSTANCE, MADAME DE BLIGNI, JULES.

CONSTANCE.

Que disais-tu donc, Jules, de cette chatte qu'on montrait par curiosité, et qui avait les oreilles d'un chien et les pates d'un lézard? J'ai été pour la voir, et je n'ai trouvé qu'une chatte tout comme à l'ordinaire.

JULES, *riant*.

C'est que tu as mal regardé, ma petite cousine.

Mme DE BLIGNI.

Tu as une bien mauvaise habitude, Jules : c'est

de faire ainsi des contes qui n'ont ni rime ni raison, et cela avec un sang-froid imperturbable. Sais-tu qu'on finira par ne pas croire les plus grandes vérités que tu pourrais dire?

JULES.

Ma tante, vous voyez bien que ce ne sont que des plaisanteries.

Mme DE BLIGNI.

Même l'araignée.

JULES.

Oh! c'est différent.

CONSTANCE.

Il en a une peur épouvantable.

JULES.

Moi? je n'ai peur de rien.

CONSTANCE.

Témoin ce jour où tu devins pâle comme un linge, parce que tu voyais ton ombre.

SCÈNE III.

PAUL, LES PRÉCÉDENS.

PAUL.

On dit, maman, qu'il y a un bœuf qui s'est échappé de la boucherie, et qui court la ville comme un furieux.

JULES.

Si je le voyais, je saurais bien l'arrêter.

PAUL.

Oui, toi qu'un âne effraie, tu saurais arrêter un bœuf.

Mme DE BLIGNI.

Ne sortez pas du salon, enfans; je vais recommander aux domestiques de fermer soigneusement les portes. (*Elle sort.*)

SCÈNE IV.

LES PRÉCÉDENS.

CONSTANCE.

Cela doit être bien effrayant de voir un bœuf en fureur?

JULES.

Voilà comme sont les femmes : elles ont peur de tout.

PAUL.

Tu es bien brave, mais c'est loin du danger.

JULES.

Veux-tu que j'y aille, arrêter cette bête si furieuse?

CONSUANCE.

Oui, vas-y.

JULES, *allant vers la porte.*

C'est que ma tante nous a défendu de sortir du salon.

PAUL.

Tu es enchanté de la défense.

SCÈNE V.

MADAME DE BLIGNI, LES PRÉCÉDENS.

Mme DE BLIGNY.

On dit, en effet, que le bœuf a causé beaucoup de ravage ; au moins a-t-il effrayé bien du monde.

JULES.

Ma tante, voulez-vous, j'irai tâcher de le retenir?

Mme DE BLIGNI.

Es-tu fou?

CONSTANCE.

Eh ! qu'il n'est pas si bête.

Mme DE BLIGNI, *après un moment de réflexion*.

Dans le fait, il serait heureux que quelqu'un eût assez de courage pour empêcher de plus grands malheurs. Tu es fort, adroit ; il est beau, il est généreux de se dévouer ainsi pour les autres : je te permets d'y aller.

JULES, *hésitant*.

Je crois que je ferais bien de me munir d'une corde.

Mme DE BLIGNI.

Sans doute, ce serait prudent.

SCÈNE VI.

THÉODORE, LES PRÉCÉDENS.

THÉODORE.

Ah! maman, je viens de voir un bien beau trait de courage. Un bœuf s'était échappé, il avait déjà renversé plusieurs femmes et des enfans, lorsqu'un soldat s'est présenté devant l'animal, l'a saisi par les cornes, et s'est tellement attaché à lui qu'il a fini par lui plonger son sabre dans le gosier. Le bœuf est tombé, et toute la populace voulait porter le soldat en triomphe ; cela faisait un beau spectacle !

Mme DE BLIGNI.

Le vrai courage intéresse toujours.

JULES.

On m'aurait pourtant rendu les honneurs, si je fusse sorti plus tôt.

THÉODORE.

Tu aurais voulu combattre un bœuf, toi qui as peur d'une souris?

JULES.

Ah! je dis que j'ai peur ; c'est pour rire, ce que j'en fais.

CONSTANCE.

Eh bien, prends donc celle-là qui est fourrée

sous la chaise de maman. (*On voit remuer quelque chose; et Jules fait des cris en fuyant.*)

SCÈNE VII.

LES PRÉCÉDENS, *excepté* JULES.

THÉODORE.

Voilà mon brave qui s'est sauvé.

Mme DE BLIGNI.

J'espère que, cette fois, il nous permettra d'élever des doutes sur son courage ?

PAUL.

Vous verrez qu'il trouvera quelques raisons pour nous en convaincre.

CONSTANCE.

Cela serait difficile.

SCÈNE VIII.

JULES, LES PRÉCÉDENS.

JULES, *entr'ouvrant la porte.*

Minet, Minet, Minet! La souris y est-elle encore ?

THÉODORE.

Nous l'attendons pour la prendre.

JULES.

J'appelle le chat de toutes mes forces ; il ne veut pas venir.

Mme DE BLIGNI.

Tu ne veux donc pas essayer ton courage contre ce petit animal ?

JULES.

Il n'en vaut pas la peine ; et c'est sa vélocité qui me fait peur.

CONSTANCE.

Oh ! le courageux champion !

JULES.

On est quelquefois effrayé d'une bagatelle, tandis qu'un grand danger ne fais pas peur.

Mme DE BLIGNI.

Je crois, mon cher, que tu ferais mieux de convenir que tout ton courage s'évanouit en fumée.

JULES.

Je vous prouverai dans l'occasion...

Mme DE BLIGNI.

Eh bien, nous t'attendrons à l'occasion.

FIN.

TABLE

DES

PIÈCES CONTENUES DANS CE VOLUME.

	Pages.
Le Bouquet.	7
La Calomnie.	23
La Convalescence.	37
Le Retour.	57
La Pénitence.	77
La Pauvre Famille.	85
Le Mystère.	97
La Petite Rapporteuse.	116
Les Petits indépendans.	127
Le Petit Auteur.	145
Les Prétentions.	163
Le Poltron.	177
La Petite Moqueuse.	189
L'Égoïste.	207
L'Indolent.	223
La Petite Fille acariâtre.	241
Le Petit Gascon –	255

FIN DE LA TABLE.

www.ingramcontent.com/pod-product-compliance
Lightning Source LLC
Chambersburg PA
CBHW050653170426
43200CB00008B/1274